AF287498

Ratgeberecke Band 1

Alles aktuell zum Kindergeld & Co.

Spar-Tipps, aktuelle Leistungshöhen und Formularerklärungen

Andrea Meiling

Bibliografische Information der Deutschen Nationalbibliothek
Die Deutsche Nationalbibliothek verzeichnet diese Publikation in der
Deutschen Nationalbibliografie; detaillierte bibliografische Daten sind im
Internet über http://dnb.d-nb.de abrufbar.

2. überarbeitete Auflage © 2009 Spareulen-Verlag
Autor: Meiling, Andrea
Buchblock u. Korrektur: S. Ehrentraut
Herstellung und Verlag: Books on Demand GmbH,
Norderstedt
ISBN **9783833495656**

Kinder und Bürokratie

Dieses Buch entstand aus dem täglichen Kampf und Krampf mit den Ämtern um Leistungen, die Kindern zustehen. Grade die Leistungen für Kinder sollten den Eltern leichter und vor allem unbürokratischer zugänglich gemacht werden, denn Kinder sind nun einmal die Zukunft und die Eltern wie die Ämter entscheiden somit, wie diese Zukunft aussehen wird. Leider wird das immer wieder vergessen. Um Eltern eine Hilfe zu geben, wurde dieses Buch geschrieben.

In diesem Buch wurden alle Leistungen rund ums Kind sowie die aktuellen Förderhöhen ab 2009 inklusive den Formularerklärungen zusammen getragen und kinderleicht erklärt. So kannst du hier alles zu Kindergeld, Kinderzuschuss, Unterhaltsvorschuss, Waisen- wie Halbwaisenrente usw. finden. Es wird erläutert, auf welche Fallstricke du acht gegeben musst und welche Anträge du zum Beispiel für ein volljähriges Kind bei der Beantragung benötigst. Wir haben ein neues Kapitel mit lauter Spartipps rund ums Kind eingefügt. Angesichts der Wirtschaftskrise erschien uns das als dringend notwendig. So kannst du erfahren, wo du günstig einkaufen kannst, wie du an einen kostenlosen PC für dein Kind kommst und auf welchen Webseiten du so richtig sparen kannst.

Andrea Meiling   Februar 2009

Kinder, Kinder – der (Ämter-) Stress nimmt kein Ende?

Ein Kind zu haben sollte eigentlich Anlass zur Freude sein, ganz anders bei den Ämtern. Kaum ist der Sprössling auf der Welt, wirst du mit Papier- und Formularkram nur so zugebombt. Du musst dich mit unverständlichem Beamtendeutsch herum schlagen, obwohl du nicht lieber möchtest, als mit deinem Baby zu spielen. Doch dafür hat der pflichtbewusste Beamte kein Verständnis.

Auf dem Standesamt bekommst du zwar sämtliche Geburtsurkunden ausgehändigt und ein Blatt, auf dem steht welche Urkunde wofür ist. Manchmal weiht ein Sachbearbeiter dich sogar in das unergründliche Geheimnis ein, wo du die einzelnen Urkunden zum Einsatz bringst.

Schiebe das alles nicht auf die lange Bank, sondern handele schnell und vorausschauend. Denn im Gegensatz zu den Ämtern, die jeder Zeit und wer weiß wie lange alles zurückfordern können, hast du maximal einen zeitlichen Spielraum von einem bis drei Monaten für eine rückfordernde Beantragung. Also sei klug und handele schon, bevor dein Baby auf der Welt ist. Besorg dir alle Papiere - wo, das zeigen wir dir gleich in den einzelnen Leistungen.

Tu dies schon im achten Monat deiner Schwangerschaft und fülle sie bis auf Geburtsdatum, -ort und Namen aus. Lege sie dir hin zusammen mit den Kopien der notwendigen

Belege, damit du gleich mit den Geburtsurkunden alles beantragen kannst.

Und denke daran, wenn der Sprössling erst mal da ist, hast du sowieso nur die Hälfte der freien Zeit - wenn überhaupt - wie vorher.

Staatliches Kindergeld

Das Kindergeld ist eine einkommensunabhängige Zahlung des Staates an dich und soll dich bei der Erziehung deines Kindes unterstützen. Was aber kaum jemand weiß, gleichzeitig soll das Kindergeld einen Teil des Existenzminimums der Kinder abfangen.

Tipp: Die Mühlen der Bearbeitung bei den Beamten mahlen sehr langsam, besonders wenn es zu deinem Vorteil ist. Bearbeitungszeiten von 6 Monaten sind keine Seltenheit. Dann hilft ein Dringlichkeitsantrag mit der Argumentation, dass gerade das Kindergeld ein Teil zur Absicherung des Existenzminimums ist. Das holt den Bearbeiter schnell auf den Boden der Tatsachen und dein Antrag wird in kürzester Zeit bearbeitet.

Momentan wird das Kindergeld bis zur Volljährigkeit oder bei Studium oder Ausbildung über dieses Alter, bis 25 Jahre gezahlt. Erst ab der Volljährigkeit ist es einkommensabhängig von dem Vermögen und dem Verdienst des Kindes.

Voraussetzungen

Kindergeld wird gezahlt, wenn folgende Voraussetzungen vorliegen:

► das Kind in Deutschland und in deinem Haushalt lebt
► du Ausländer bist und eine gültige Aufenthaltsgenehmigung besitzt
► du für Enkelkinder, Stiefkinder, adoptierte Kinder und Pflegekinder in deinem Haushalt aufkommen musst
► du aus beruflichen Gründen einige Zeit im Ausland lebst
► dein Kind älter als 18 Jahre ist, sich in der Ausbildung befindet und noch in deinem Haushalt lebt und dessen Einkünfte nicht höher als 7680 € liegen. Wobei beim Einkommen Werbungskosten, Aufwendungen für die Ausbildung, kurzfristige Unterbrechungen keine Rolle spielen
► dein Kind den Zivildienst absolviert
► eine Ausbildung mangels Lehrstelle nicht beginnen kann (die Bemühungen müssen an Hand von mindestens 5 Absagen belegt werden)
► dein Kind über 21 Jahre alt ist und bei der Agentur für Arbeit gemeldet ist
► du Vollwaise bist oder den Aufenthaltsort deiner Eltern nicht kennst und keine Person für dich die Pflegschaft hat

► dein Kind so behindert ist, dass es auf Grund seiner Behinderung keine Ausbildung beginnen kann, dann kannst du Kindergeld auch über das 25. Lebensjahr bekommen (falls die Behinderung vor diesem Zeitpunkt eingetreten ist)

Leistungshöhe

Die Höhe des Kindergeldes wurde zum 01.01. 2009 angehoben und beträgt nun bei:

den ersten zwei Kindern **164 €**,
für das dritte Kind **170 €**,
vierte und jedes weitere Kind **195 €**.

Zählkinder

Aufgepasst! Der Staat hat sich etwas Feines dazu einfallen lassen und zwar das **Zählkind**.

Was übersetzt nur eins heißt, hast du mehrere Kinder und eines der drei älteren bekommt kein Kindergeld mehr, dann erwarte nicht, dass du weiter den gleichen Betrag für deine anderen Kinder erhältst.

Die Familienkasse zählt einfach deine Kinder neu, für die du Kindergeld bekommst (statt beispielsweise für die zwei älteren 164 € und das dritte 170 € zu bekommen, erhältst beim Wegfall des ältesten Kindes, für die zwei anderen jeweils

164 € Kindergeld - du hast also ein Minus von 170 € zu berücksichtigen)

Es geht aber noch besser. Zunehmend gibt es Eltern, die sich im gegenseitigen Einvernehmen scheiden lassen, zum Wohle der gemeinsamen Kinder. Angenommen du und dein Partner seid geschieden und habt drei Kinder. Das jüngste der Kinder möchte lieber bei seinem Vater leben und ihr setzt das um. Nun könnte der Vater die Zahlung des Kindergeldes für das bei ihm lebende Kind beantragen. Wenn ihr denkt, dass der Vater nun 170 € erhält für das dritte Kind, habt ihr euch geirrt. Es setzt wieder die Zählkindfunktion ein und da im Haushalt des Vaters nur ein Kind lebt, wird Kindergeld wie für das erste Kind gezahlt.

Tipp: Wer sich einvernehmlich scheiden lässt, sollte auch in finanziellen Dingen zu Gunsten der Kinder handeln. Ein gemeinsames Sorgerecht schließt mit ein, dass sich das Kind zu gleichen Teilen in dem Haushalt des Vater und der Mutter aufhalten kann. Bei einer möglichen Krankheit einer der beiden springt der andere ein und nimmt das Kind in seinem Haushalt auf. Damit erfüllt ihr alle Voraussetzungen, um das Kindergeld weiter an die Person zahlen zu lassen, welche den Kindervorteil besitzt. Wie dann die Auszahlung geregelt wird, ist ganz allein eure Sache.

Beispiel: Die Eltern sind geschieden und haben das gemeinsame Sorgerecht für 4 Kinder. Zwei Kinder möchten bei der Mutter bleiben, die anderen zwei lieber beim Vater. Die Mutter hatte bisher Kindergeld in Höhe von 693 € für alle Kinder erhalten. Wird der Zählkindervorteil nicht wahrgenommen, erhält jeder Elternteil 328 € für zwei Kinder. Das bedeutet einen Verlust von 37 €.

Steuerfreibetrag und Kindergeld

Wird mit der Zahlung des Kindergeldes das steuerliche Existenzminimum des Kindes nicht steuerlich freigestellt (was meistens der Fall sein dürfte), sind ein jährlicher Kinderfreibetrag pro Kind von **3.864 €** und ein Freibetrag pro Kind für die Betreuung, Erziehung oder Ausbildung von 2.160 € vom Einkommen abzuziehen. Dabei wird das bereits erhaltene Kindergeld mit dem Steuerfreibetrag verrechnet. Das bedeutet, die Freibeträge für jedes Kind werden insgesamt von 5.808 EUR auf **6.024** EUR erhöht.

Die Freibeträge für Kinder basieren auf:

- **dem Existenzminimum für Kinder und**
- **dem zu berücksichtigenden Betreuungs- und Erziehungs- oder Ausbildungsbedarf.**

Das Existenzminimum umfasst die Mittel zur Bestreitung des Lebensunterhalts, wie Nahrung, Wohnen und Kleidungsbedarf eines Kindes. In Deutschland beträgt der volle Freibetrag zur Sicherung des sächlichen Existenzminimums ab 2009 für ein Kind 3.864 Euro im Jahr (je Elternteil

1.932 Euro). Der Freibetrag für Betreuungs- und Erziehungs- oder Ausbildungsbedarf beträgt jährlich 2.160 Euro (je Elternteil 1.080 Euro).

Hinweis: Da das Kindergeld auf die Steuerentlastung durch die Kinderfreibeträge angerechnet wird, wirken sich die höheren Kinderfreibeträge allerdings erst bei einem zu versteuernden Elterneinkommen ab 55.000 EUR positiv aus.

Bei der Einkommensteuerveranlagung werden beide Freibeträge zusammen gezogen. Sind die Eltern verheiratet und werden zusammen veranlagt, werden die Freibeträge für Kinder in Höhe von insgesamt 6.024 Euro im Jahr berücksichtigt. Bei getrennter Veranlagung von Ehegatten, wird bei jedem Elternteil der Betrag in Höhe von 3.012 Euro berücksichtigt.

Tipp: Erhältst du keinen Unterhalt oder nur 25% des zustehenden Unterhalts, kannst du die Überschreibung des hälftigen Steuerfreibetrages für das jeweilige Kind beim Finanzamt beantragen. Damit sollen deine Mehrausgaben und der höhere Unterhaltsbeitrag von dir Berücksichtigung finden.

Tipp: Es kann natürlich auch anders herum laufen. Du zahlst mehr Unterhalt für dein Kind, so dass du den Unterhaltsbeitrag (oder einen 75 %igen Anteil) des anderen Elternteils auffängst. Dann kannst du ebenfalls die Übertragung des Kinderfreibetrages beantragen.

Beantragung

Beantragen kannst du das Kindergeld bei der Familienkasse deines Arbeitsamtes. Gab es früher in jedem Arbeitsamt eine Familiekasse, so sind heute die Familienkassen zusammengefasst worden. Nach welchem Schema das passiert ist, weiß niemand so genau, denn die zentrale Familienkasse passt weder zu einer regionalen noch zu einer bundeslandweiten Zusammenfassung.

Deine Anträge kannst du jedoch bei dem Arbeitsamt am Ort abholen, es gibt sie dort am Informationsschalter oder du lädst sie dir aus dem Internet unter **www.arbeitsagentur.de** (Startseite-Service von A bis Z- Geldleistungen- Kindergeld-Vordrucke, Merkblätter, Links) herunter. Beim Ausfüllen wird dir keiner der überarbeiteten Mitarbeiter am Infoschalter helfen können, es denn, du hast das riesige Glück, in eine Flaute zu kommen.

Arbeitest du oder dein Partner im öffentlichen Dienst, dann musst du dich früher nur an deine Lohnbuchhaltung wenden, dort half man dir weiter. Seit 2009 zahlt der Öffentliche Dienst aber kein Kindergeld mehr aus. Jedoch die Anträge erhältst du noch in der Lohnbuchhaltung.

Aber keine Angst, wir helfen dir beim Ausfüllen. Nachstehend haben wir dir alle relevanten Anträge herausgesucht und werden sie dir erklären.

Hauptantrag – Antrag auf Kindergeld

Diesen Antrag brauchst du bei jedem Kind, das in deinem Haushalt aufgenommen bzw. geboren wird. Hast du bereits eine Kindergeldnummer, dann trage diese im obersten Feld ein, wenn nicht, lass es frei, du bekommst eine Kindergeldnummer von der Familienkasse zugeordnet.

Aufgepasst! Deine Kundennummer bei der Arbeitsagentur ist nicht deine Kindergeldnummer. Das sind zwei getrennte Verfahren.

Zeile 1: hier trägst du deine persönlichen Daten ein. (Antragsteller bei einem Ehepaar ist immer der, welchen ihr unter euch dazu bestimmt.) Du musst deinen Namen, Vornamen, Titel, Geburtsdatum, Geschlecht, Staatsangehörigkeit, Telefonnummer und Familienstand (seit wann) angeben.

Zeile 2: Hast du einen Ehegatten, dann gehören hier seine persönliche Daten hinein.

Zeile 3: jetzt musst du deine Anschrift und deine Bankverbindung angeben. Pass auf, dass du entweder ein eigenes Konto hast oder zumindest als Verfügungsberechtigter auf das Konto mit eingetragen bist. Sonst werden von dir Erklärungen erbeten, warum die Überweisung auf dieses Konto gehen soll.

Zeile 4: Hast du schon Kinder, die bei dir leben und für die du Kindergeld erhältst, trägst du hier ein. Erfragt werden persönliche Daten, wie Vornamen (Nachname nur dann, wenn er anders als deiner lautet), Geburtsdatum, Geschlecht, Kindschaftsverhältnis zu dir(als Antragssteller) und bei über 18 Jahre alten Kindern der Familienstand und die

Ausbildung, mit der Angabe von wann bis wann die Ausbildung dauert. Hast du Kinder aufgeführt, die einen anderen Elternteil haben, als den mit dem du zusammenlebst, dann musst du diese in der untersten Spalte aufführen mit den Daten des anderen Elternteils. Sollte dieser verstorben oder unbekannt sein, so genügt ein entsprechender Eintrag.

Die folgenden Zeilen beziehen sich auf Zeile 4.

Zeile 5: du musst es nur ausfüllen, wenn dein Kind dauerhaft woanders untergebracht ist (beispielsweise im Heim, Pflegestelle oder weil dein Ex-Partner das Sorgerecht hat). Sollte dies der Fall sein, musst du den Vornamen des Kindes, den Namen der betreuenden Person und deren Anschrift sowie den Grund, warum dein Kind dort lebt, angeben.
Ansonsten ganz rechts „nein" ankreuzen und fertig.

Zeile 6: hier wird erfragt, ob jemand anderes für die in Zeile 4 eingetragenen Kinder, Kindergeld beantragt hat oder erhält. Wenn ja, dann musst du einschreiben, wer es beantragt hat, wann, bei welcher Stelle und unter welcher Kindergeldnummer dieser Vorgang geführt wird.

Zeile 7: nun werden kindbezogene Leistungen erfragt, die einen Anspruch auf deutsches Kindergeld ausschließen. Bei den meisten wird das nicht der Fall sein, deshalb nein ankreuzen. Dann weiter mit Zeile 8. Hast du die letzten 5 Jahre im Ausland gelebt und von dort eine dem deutschen Kindergeld gleichgestellte oder übergeordnete Leistung erhalten, dann musst du dies angeben. Führe die Person auf, die diese Leistung bezogen hat, den Zeitraum, den Namen des Kindes, die Art und die Höhe der Leistung und von welcher Stelle Dir die Gelder gezahlt wurden. Bist du dir unsicher, dann

14

ruf einfach bei deiner Familienkasse an, dort wird dir diese Auskunft schnell gegeben. Ansonsten schreib darüber, dass du dieses Feld nur unter Vorbehalt ausfüllst. Und denk daran, dass du alles belegen musst. Also leg die Bescheide immer in Kopie dabei.

Zeile 8: hier musst du angeben, ob jemand, der für die Kinder Kindergeld beziehen kann, in den letzten fünf Jahren:

1. im öffentlichen Dienst tätig war

2. außerhalb Deutschlands als Entwicklungshelfer, Arbeitnehmer, Selbständiger oder ähnliches tätig war (dazu zählt auch der diplomatische oder konsularische Dienst, auch in den Aufzählungen 3 u. 4)
3. in Deutschland bei einer Dienststelle oder Einrichtung eines anderen Staates oder als Angehöriger der NATO tätig,
4. in Deutschland auf Veranlassung des Arbeitgebers beschäftigt war, der seinen Firmensitz im Ausland hat (also als Leiter eines Zweigstelle beispielsweise) Auch hier musst du dies mit Namen, Zeitraum und Dienststelle angeben.

Jetzt hast du alle Fragen beantwortet und versicherst mit deiner Unterschrift die Richtigkeit deiner Angaben, dass du jede Änderung deiner Verhältnisse unverzüglich meldest und das Merkblatt über Kindergeld erhalten und gelesen hast.

Der andere Elternteil, nur wenn er mit dir zusammen leben sollte, bestätigt mit seiner Unterschrift, dass er damit einverstanden ist, dass dir das Kindergeld ausgezahlt wird. Lebt ihr getrennt, ist das nicht notwendig.

Jetzt kommen wir zu einer Reihe untergeordneter Anträge, mit denen du konfrontiert werden kannst.

Antrag auf Kindergeld für ein weiteres Kind

Dieser Antrag ist zu verwenden, wenn

> ▶ bereits Kindergeld gezahlt wird und ein weiteres Kind berücksichtigt werden soll (zum Beispiel nach Adoption oder Geburt)

> ▶ die bisherige Berechtigungsbestimmung nicht geändert werden soll

Zeile 1: hier musst du deine persönlichen Daten eintragen, wenn du der Antragsteller bist.

Zeile 2: jetzt trägst du deinen hinzu gekommenen Nachwuchs mit Vornamen, Nachnamen (wenn es einen anderen Nachnamen als du hast), Geburtsdatum, Geschlecht und Verwandtschaftsverhältnis zu dir ein.

Zeile 3: musst du den Grund für die Berücksichtigung eintragen (wie Geburt oder Adoption). Bei Geburt als Grund legst du bitte die Geburtsurkunde mit dazu. Auf den Urkunden stehen verschiedene Verwendungszwecke. Nimm die Urkunde, auf der „Kindergeld" steht. Hast du keine Geburtsurkunde, dann nimm die Haushaltsbescheinigung (wir erklären dir diese noch), lass sie dir auf der Gemeinde ausfüllen und reich sie mit ein.

Nun musst du nur noch unterschreiben und wenn du verheiratet bist, dein Partner auch. Dann schick den Antrag ab, eine Antragstellung per Email ist nicht möglich.

Veränderungsmitteilung

Dieses Formular listet die möglichen Veränderungsmitteilungen an die Familienkasse auf. Fülle den oberen Abschnitt mit deinen Angaben aus und dann wählst du den Punkt aus, für den du die Änderung mitteilen möchtest.

Das können sein:

- ▶ Änderung der Anschrift
- ▶ Änderung der Kontoverbindung
- ▶ Änderung des Familienstandes
- ▶ Änderung der Anzahl der Kinder, die in deinem Haushalt leben
- ▶ dein Kind hat das 18. Lebensjahr vollendet und hat Ausbildung aufgenommen, abgeschlossen oder unterbrochen,
- ▶ dein Kind ist über 18 Jahre und hat eigene Einnahmen
- ▶ Dein Kind ist über 18 Jahre und hat seinen Familienstand geändert
- ▶ Sonstige Veränderung nach Nr. 17 des Merkblatts über Kindergeld können sein, Umzug ins Ausland, Aufnahme des Wehr-/Zivildienst usw.

Die erforderlichen Nachweise kannst du gleich beilegen oder du reichst sie später nach. Solltest du verspätet eine Veränderung angeben, dann nimm dir gleich die letzte Zeile vor und schreib die Gründe dafür auf, sonst kann es teuer werden. Das alles unterschreibst du mit Ort und Datum und gibst es bei der Familienkasse ab.

Lebensbescheinigung zur Vorlage bei der Familienkasse

Hast du keinen Nachweis über die Kinder, die außerhalb deines Haushalts leben, dann kannst du mit dieser Bescheinigung zum Einwohnermeldeamt gehen und dir den ständigen Aufenthaltsort der Kinder dort bestätigen lassen. Das ist wichtig für die Höhe des Kindergeldes wegen dem Zählkindervorteil.

Dazu füllst du nur den Abschnitt A aus, indem du deine persönlichen Daten einträgst sowie die deiner Kinder.

In der Zeile, wo die jeweilige Person erfragt wird, trage einfach die Person oder Institution ein, bei der dein Kind untergebracht ist.

Das unterschreibst du mit Ort und Datum und gibst es bei dem für dich zuständigen Einwohnermeldeamt ab. Dort wird man dir kostenlos den Abschnitt B ausfüllen und dir zurückgeben.

Haushaltsbescheinigung zur Vorlage bei der Familienkasse

Anders als die Lebensbescheinigung dient die Haushaltsbescheinigung dazu, nachzuweisen welche Kinder in deinem Haushalt leben, für die du berechtigt bist, Kindergeld zu erhalten.

Während einer zeitweiligen, auswärtigen Unterbringung wie z.B. bei Berufs- oder Schulausbildung bleibt die Haushaltszugehörigkeit erhalten.

Diese Bescheinigung füllst du wieder im Abschnitt A mit deinen persönlichen Daten und denen deiner Kinder aus und legst sie dem Einwohnermeldeamt vor. Dort füllt man dir unentgeltlich den Abschnitt B aus und du kannst die Haushaltsbescheinigung bei der Familienkasse abgeben.

Vergiss nicht, alles mit deiner Unterschrift zu bestätigen.

Tipp: Wenn du dich getrennt hast von deinem Partner, dann seht zu, dass ihr im Interesse der Kinder ein geteiltes Sorgerecht habt. Denn dann kann auch der andere das Kindergeld bekommen, obwohl die Kinder im anderen Haushalt leben. Begründen kannst du das mit dem Zählkindervorteil, der sonst verloren geht.

Die folgenden Anträge befassen sich mit deinem Nachwuchs, wenn er das 18. Lebensjahr vollendet hat. Danach bekommst du nur noch auf Nachweis, dass dein Kind studiert, in der Schul- oder Berufsausbildung ist oder sich erfolglos um einen Ausbildungsplatz bemüht hat, Kindergeld ausgezahlt.

Antrag auf Auszahlung anteiligen Kindergeldes

Diesen Antrag kannst du stellen, wenn du keinen oder nur sehr geringen Unterhalt von deinen Eltern erhältst. Mit diesem Formular stellst du den Antrag auf Herausgabe eines Teils oder des ganzen Kindergeldes an dich. Auch wenn du ausziehst bei deinen Eltern, bietet sich diese Möglichkeit an, denn so wird das Kindergeld gleich an dich überwiesen.

Fülle zunächst den oberen Teil mit der Anschrift der Familienkasse und der Kindergeldnummer aus.

Dann kommen deine sämtlichen persönlichen Daten einschließlich der Kontoverbindung. Diese trägst du unter dem Abschnitt „Angaben des Antragstellers/der Antragstellerin" ein.

Nun füllst du den Abschnitt „Angaben zur Prüfung, ob die Voraussetzungen für eine Abzweigung vorliegen" aus.

Hier sind die Angaben zu deinen Eltern erforderlich und wer das Kindergeld bei welcher Familienkasse unter welcher Kindergeldnummer für dich bezieht. Weißt du das nicht genau, reichen auch die

Angaben zu deinen Eltern und wo sie wohnen. Um den Rest kümmern sich die Mitarbeiter bei der Familienkasse.

Nun kommt die Begründung, warum du die Abzweigung beantragst und welcher Unterhalt dir in welcher Höhe von deinen Eltern gezahlt wird.

Weiterhin wird gefragt,

> ► ob es ein Unterhaltsurteil gibt (wenn ja, dann lege dieses in Kopie bei)
> ► ob du dich in der Ausbildung befindest
> ► ob du einen Arbeits- oder Ausbildungsplatz suchst

Nachweise hast du in Kopie beizufügen. Dann musst du mit deiner Unterschrift die Richtigkeit deiner Angaben bestätigen.

Schulbescheinigung (zur Vorlage bei der Familienkasse)

Hat dein Kind wie gesagt sein 18. Lebensjahr vollendet, dann kommt wieder ein Schwung Formulare auf dich zu. Unter anderem auch dieses Formular, wenn dein Kind noch die Schule besucht.

Dazu füllst du nur das oberste linke Feld aus und gibst das Formular in der Schule im Sekretariat ab. Dort kennt man sich damit aus und bestätigt dir gern den Schulbesuch deines Kindes.

Diese Bestätigung gibst du einfach bei der Familienkasse ab.

Ausbildungsbescheinigung zur Vorlage bei der Familienkasse

Ist dein Kind - oder du selbst - in der Ausbildung, dann ist diese Bescheinigung für dich die richtige.

Ganz oben links trägst du deinen Namen und deine Kindergeldnummer ein. Daran schließt sich die Adresse der betreffenden Familienkasse an.

Eventuell solltest du noch den Abschnitt A ausfüllen, den Rest gibst du bei der Lohnbuchhaltung des Ausbildungsbetriebs ab. Dort wird man sich um den Rest kümmern.

Bescheinigung über die Fortdauer bzw. das Ende der Berufsausbildung - zur Vorlage bei der Familienkasse

Auch hier ist es einfach, denn du musst nur den linken oberen Abschnitt ausfüllen.

Dann gibst du nur das Formular beim Sekretariat deiner Berufschule bzw. der deines Kindes ab, und dort wird man die restlichen Abschnitte ausfüllen.

Anschließend bekommst du das Formular wieder und kannst es bei der Familienkasse abgeben.

Antrag auf Kindergeld für ein über 18 Jahre altes Kind ohne Ausbildungs- oder Arbeitsplatz

Hat dein Kind keinen Ausbildungs- bzw. Arbeitsplatz, dann kann es weiter Kindergeld beziehen, auch wenn es über 18 Jahre alt ist. Dafür gibt es dieses Formular. Dein Kind bzw. du muss bei der Agentur für Arbeit als Ausbildungs- bzw. Arbeitsplatz suchend gemeldet sein.

Zuerst füllst du den oberen Abschnitt wie immer mit der Kindergeldnummer und der Adresse der betreffenden Familienkasse aus.

Zeile 1:   hier gehören die persönlichen Daten des Antragstellers hinein.

Zeile 2:   hier trägst du die persönlichen Daten des betreffenden Kindes ein. Hat es seinen Wehr- bzw. Zivildienst geleistet, dann musst du dies hier auch eintragen.

Zeile 3:   Will dein Kind eine Ausbildung aufnehmen, dann musst du das hier eintragen. Dazu musst du aufführen,

► ob und bei welcher Arbeitsagentur es gemeldet ist

► Ist es dort nicht gemeldet und hat sich selbst um einen Ausbildungsplatz bemüht, dann kreuze das an und lege in Kopie die Ablehnungen der Betriebe bei.

► Hat dein Kind das Glück einen Ausbildungsplatz bekommen zu haben, dann trage dies mit dem Datum des Beginns hier ein und lege eine Kopie des Ausbildungsvertrags bei.

Zeile 4: hier musst du nur links das Kästchen ausfüllen, wenn dein Kind einen Arbeitsplatz sucht und bei der Agentur für Arbeit gemeldet ist. Sollten Leistungen wie Arbeitslosengeld/-Hilfe oder Eingliederungshilfe beantragt sein, dann führe das mit auf. Das rechte Kästchen wird dir bei der Agentur für Arbeit (Vermittlung) ausgefüllt und bestätigt.

Zeile 5: Hier geht es um die Einnahmen deines Kindes.

▶ Übt dein Kind einen Minijob aus, dann gehören diese Angaben - einschließlich Bruttoeinnahmen - hier hinein
▶ Bezieht es Lohnersatzleistungen wie Krankengeld, Mutterschaftsgeld, Rente usw., dann musst du diese, einschließlich der Höhe, hier eintragen
▶ Bezieht es Leistungen der AfA, dann gib hier die Kundennummer ein
▶ Hat es sonstige Einnahmen, dann musst du in dieser Zeile eintragen welche Art von Einnahmen, in welcher Höhe und in welchem Zeitraum
▶ Hat es keinerlei Einnahmen, dann dieses Kästchen ankreuzen.

Nun musst du mit deiner Unterschrift und der deines Kindes die Richtigkeit der Angaben bestätigen und fertig bist du.

Antrag auf Kindergeld für Vollwaisen oder Kinder, die den Aufenthalt ihrer Eltern nicht kennen

Wenn dir der Aufenthaltsort deiner Eltern unbekannt ist oder deine Eltern verstorben sind, dann musst du diesen Antrag ausfüllen, damit das Kindergeld nach dem 18. Geburtstag auf dein Konto überwiesen wird und du über dieses Geld verfügen kannst.

Abschnitt 1: Hier musst du als Antragsteller deine persönlichen Daten - einschließlich der Bankverbindung - eintragen.

Abschnitt 2a: Nun musst du die persönlichen Daten deiner Eltern angeben, also Namen, Vornamen, Geburtsdatum, den Todestag (falls er bekannt ist) bzw. die letzte bekannte Adresse.

Abschnitt 2b: Sind deine Eltern nicht verstorben, sondern verschollen bzw. der Aufenthaltsort von ihnen ist dir nicht bekannt, dann musst du angeben, ob ein Aufgebotsverfahren bei Gericht wegen Verschollenheit beantragt wurde (bei welchem Amtsgericht) oder nicht.

Abschnitt 3a: hier musst du beantworten, ob du bei nahen Verwandten wohnst. Beantwortest du die Frage mit „nein", dann brauchst du den Rest von Frage 3 nicht zu beantworten, sondern kannst mit Frage 4 fortfahren.

Abschnitt 3b: hier trägst du ein, ob du wegen einer Ausbildung beispielsweise vorübergehend außerhalb des Haushalts der unter 3a genannten Personen lebst.

Hast du die Frage 3 mit „ja" beantwortet, so bittet man dich jetzt die Person, bei der du jetzt lebst, mit Namen, Vornamen, Geburtsdatum, Verwandtschaftsverhältnis und Anschrift anzugeben.

Abschnitt 4: Irgendjemand hat ja bisher für dich Kindergeld bezogen, sei es deine Pflegeeltern, deine Großmutter oder das Heim, in dem du untergebracht warst. Diese Person ist hier anzugeben unter „Von wem", bei „welche Leistung" gibst du das Kindergeld an, dann trägst du den

Zeitraum ein bei „für welche Zeit". Wenn du weißt, bei welcher Familienkasse so schreibe dies unter „bei welcher Stelle" ein. Kennst du die Kindergeldnummer bzw. das Aktenzeichen, so gehört das in die letzte Spalte der Tabelle.

Solltest du etwas nicht wissen, dann lass es einfach frei oder schreib „ist mir nicht bekannt" hinein. Die Mitarbeiter werden es schnell für dich herausfinden.

Abschnitt 5: Da du sicher über 18 Jahre alt bist, musst du diesen Abschnitt noch ausfüllen. Hier will man von dir wissen, was du gerade beruflich tust. Kreuze einfach an, was für dich zutrifft. Denn so lange du kein eignes Einkommen hast, was die jährliche Grenze von 7.680 € übersteigt, bist du kindergeldberechtigt. Um dies nachzuweisen, musst du auf alle Fälle auch die „Erklärung zu den Einkünften und Bezügen eines über 18 Jahre alten Kindes" mit abgeben (welches wir dir im nachfolgenden Antrag vorstellen werden).

Nun bestätigst du mit Ort, Datum und deiner Unterschrift die Richtigkeit deiner Angaben. Willst du noch etwas erklären oder nähere Angaben machen wollen, so kannst du dies im unteren Abschnitt dieser Seite unter „ergänzende Angaben" tun.

Nach all den relativ leichten Anträgen, wird es jetzt spannend. Denn nun kommen wir zu den Anträgen, die es wirklich in sich haben.

Eine einfache Versicherung, dass du bzw. dein Kind keine Einkünfte oder Einkünfte in nur geringer Höhe haben, reicht einfach nicht aus.

Du wirst dich durch die nachfolgenden Anträge quälen müssen. Damit es für dich leichter wird, helfen wir dir, indem wir dir die Anträge der Reihe nach erklären.

Erklärung zu den Einkünften und Bezügen eines über 18 Jahre alten Kindes

In diesem Formular wird nach sämtlichen Einkünften deines Kindes gefragt. Übersteigt nämlich das jährliche Einkommen deines Kindes den Grenzbetrag von **7.680 €**, so hat es keinen Kindergeldanspruch mehr. (Es geht hier um einen Nettobetrag, der aber nicht durch die Steuererklärung deines Kindes bemessen wird, sondern durch Pauschbeträge, welche von der Familienkasse festgelegt wird.)

Dazu musst du alle Einkünfte und Bezüge deines Kindes nachweisen. Füllst du diesen Antrag zum zweiten Mal aus, dann musst du zwar diese angeben (wenn die Einkünfte gleich geblieben sind), aber nicht noch einmal nachzuweisen, sondern nur „bereits bekannt" eintragen.

Für künftige Einnahmen reicht zunächst die Erklärung aus, dass es diese Einkünfte geben wird.

Im oberen Abschnitt trägst du links die Adresse der betreffenden Familienkasse ein. Rechts oben kommt der Name und Vorname des Anspruchsberechtigten hinein und darunter die Kindergeldnummer. Unter der Überschrift des

Formulars kannst du die Angaben zu einem oder zu mehreren Jahren machen.

Tipp: Wir empfehlen dir, die Angaben für ein Kalenderjahr zu nehmen und bei mehreren Jahren für jeweils ein Jahr immer ein Formular zu verwenden. So ist es für dich und den Sachbearbeiter übersichtlicher und du kannst die Berechnung besser nachvollziehen.

Dann trag in „Angaben zum Kind" alle dort geforderten, persönlichen Daten ein (geht es hier um einen Antrag für dich selbst, dann natürlich deine Daten).

Abschnitt 1a: bezieht dein Kind Einkünfte aus nichtselbständiger Tätigkeit (also wenn dein Kind angestellt ist und Lohnzahlungen bekommt bzw. Vergütungen, auch wenn diese nicht sozialversicherungspflichtig sind), dann ist hier ein „ja" anzukreuzen.

Abschnitt 1b: Zu Versorgungsbezügen zählen Hinterbliebenenbezüge nach beamten- oder soldatenrechtlichen Vorschriften oder von berufsständischen Versorgungseinrichtungen wie zum Beispiel Waisengeld und Ausgleichsbezüge nach Soldatenversorgungsgesetz. Hat dein Kind solche Einnahmen, so musst du hier „ja" ankreuzen.

Tabelle: hast du eine der Fragen unter 1 mit „ja" beantwortet, dann trage unter Angabe des Kalenderjahres die Art der Einnahmen (wie Lohn), die Dauer und den Bruttogesamtbetrag (also bei 10 Monaten, je Monat 200 €, ist der Bruttogesamtbetrag für diese 10 Monate 2000 €) ein.

Die Familienkasse zieht einen Pauschalbetrag für Werbungskosten in Höhe von 920 € automatisch ab, genauso wie die Arbeitnehmeranteile zur gesetzlichen Sozialversicherung (wie Renten-, Pflege-, Arbeitslosen- und Krankenversicherung).

Sollten die Werbungskosten diesen Pauschalbetrag übersteigen, so musst du das Formular „Erklärung zu den Werbungskosten eines über 18 Jahre alten Kindes" ausfüllen.

Das empfehlen wir dir auf alle Fälle, da meist schon die Schul-/Studiengebühren den Pauschalbetrag übersteigen.

Abschnitt 2: hier geht es um Einnahmen aus:

a) selbständiger Tätigkeit, aus einem Gewerbebetrieb, Land- oder Forstwirtschaft

b) Vermietung, Verpachtung

c) Kapitalvermögen (wie Zinserträge, Dividenden)
Wenn die Einnahmen in dem jeweiligen Kalenderjahr fällig und ausgezahlt wurde, müssen diese in der nachfolgenden Tabelle angegeben und an Hand von Belegen nachgewiesen werden.
Die Betriebsausgaben bzw. Werbungskosten müssen entweder aus den Unterlagen ersichtlich sein oder unter Abschnitt 8 erläutert werden. Bei Einnahmen aus Kapitalvermögen wird ein Pauschbetrag für Werbekosten von 102 € von der Familienkasse abgezogen.

Abschnitt 3: wenn dein Kind Leistungen von der Agentur für Arbeit erhält bzw. erhielt, so sind diese in diesem Abschnitt mit der entsprechenden Agentur für Arbeit und dem jeweiligen Leistungsbezug und der dazu gehörigen Kundennummer anzugeben (immer für das geforderte Kalenderjahr). Leistungen der AfA können Arbeitslosengeld I sowie Übergangsgeld und Unterhaltsgeld sein.

Abschnitt 4: bekommt oder bekam dein Kind BAföG, ein Stipendium oder andere Ausbildungsbeihilfen, so führe diese hier unter Angabe des Kalenderjahres, Art der Leistung, die Dauer und den Bruttobetrag auf.

Abschnitt 5: nun werden andere, mögliche Leistungen erfragt. Dies können zum Beispiel Renten (wie Rente wegen Erwerbsminderung, Halb- bzw. Waisenrente), Krankengeld, Mutterschaftsgeld, Arbeitslosengeld II, Sozialhilfeleistungen, Wohngeld, Renten aus der gesetzlichen Unfallversicherung, Leistungen nach dem Bundesversorgungsgesetz, Geld- und Sachbezüge von Wehrdienst- und Zivildienstleistenden einschließlich Weihnachts- und Entlassungsgeld. Hiervon wird ein Werbekosten-Pauschbetrag für Alleinstehende in Höhe von 51 € und für Verheiratete in Höhe von 102 € durch die Familienkasse abgezogen.

Diese Einnahmen trägst du unter Angabe der Art der Einnahmen, der Dauer und der Bruttosumme unter dem entsprechenden Kalenderjahr ein. Unterhaltsleistungen durch die Eltern und Erziehungs- bzw. Elterngeld sind nicht anzugeben.

Abschnitt 6: Wurden Leistungen nach Abschnitt 3 bis 5 beantragt und es gibt noch keine Entscheidung dazu, dann musst du diese hier angeben, indem du die Art der Leistung, die zuständige Stelle, das Antragsdatum und das Aktenzeichen hier einschreibst.

Abschnitt 7: Ist dein Kind verheiratet oder hat eine eingetragene Lebenspartnerschaft, dann müssen die Einnahmen laut den Abschnitten 1 bis 5 hier eingetragen werden. **Aufgepasst!** Hier werden die

Nettoeinnahmen und zusätzliche Leistungen erfragt. Du musst die Einnahmenart, die Dauer sowie die Nettoeinnahmen einschreiben. Zusätzliche Leistungen, die erwartet werden gehören in den nachfolgenden Abschnitt 8.

Abschnitt 8: Willst du ergänzende Angaben in diesem Antrag unterbringen, so kannst du auf diese hier verweisen (diese solltest du auf einem Extrablatt anfertigen, wenn der Platz nicht ausreicht).

Nun müssen du und dein Kind gemeinsam mit Orts-, Datumsangabe die Richtigkeit der gemachten Ausführungen unterschreiben.

Erklärung zu den Werbungskosten eines 18 Jahre alten Kindes

Wir haben dich auf die höhere Werbungskosten aufmerksam gemacht, die du geltend machen kannst, wenn sie durch den Pauschbetrag der Familienkasse nicht abgedeckt werden.

Dies kannst du durch dieses Formular tun. Doch denke daran, dass du alle höheren Werbungskosten auch nachweisen musst.

Am besten ist es natürlich, wenn du schon vom Finanzamt die Werbungskosten anerkannt bekommen hast.

Dann legst du einfach deren Bescheid dazu und hast kaum Arbeit damit. Ansonsten stelle dir den Aktenordner mit den Quittungen zurecht, unser Buch daneben und schon kann es losgehen.

Klären wir erst einmal den Begriff Werbungskosten. Das sind alle Kosten, die durch das Arbeits-/Ausbildungsverhältnis entstehen, wie z.B.

► Schul-/Studiengebühren
► Berufsbekleidung,
► Fachbücher, Fachzeitschriften(auch Abos),
► Kosten für die Fahrten zwischen Wohnung und Ausbildungs-/Arbeitsstätte (auch Tickets für die Benutzung öffentlicher Verkehrsmittel)
► Mitgliedsbeiträge zu Gewerkschaften und Berufsverbänden,
► Arbeitsgeräte,
► doppelte Haushaltsführung
► Miete und Nebenkosten.

Tipp: Im Übrigen empfehlen wir dir, auf alle Fälle dieses Formular auszufüllen, sollte dein Kind über irgendwelche Einkünfte verfügen, denn die Pauschbeträge der Familienkasse betragen nur 920 €. Und angesichts der politischen Entwicklung dürfte in nächster Zeit eine weitere Entwicklung der Pauschbetrag unter diese 920 € sicher sein.

Tipp: Wenn du dieses Formular im Zusammen-hang mit dem vorher vorgestellten Formular „Erklärung zu den Einkünften und Bezügen eines 18 Jahre alten Kindes" verwendest, dann geben wir dir zwei wichtige Tipps:
Erstens: fülle immer für ein Kalenderjahr ein Formular aus und

Zweitens hefte die beiden zueinander gehörenden Formulare (über Einkünfte und über Werbungskosten) eines Kalenderjahres zusammen.

Tipp: Als außergewöhnliche Belastung kannst du auch den Erwerb des Führerscheins und eines gebrauchten Pkws (bis zu 5000 €) geltend machen, wenn dein Weg zur Ausbildung oder zur Arbeit und zurück mit den öffentlichen Verkehrsmitteln länger als zwei Stunden am Tag dauert bzw. die Verbindungen so ungünstig sind, dass deine Ausbildung/Arbeit gefährdet ist (6).

Tipp: zu Arbeitsmaterialien zählt seit neuestem auch der PC, der Drucker, für die Ausbildung wichtige Software sowie Druckerpatronen, Papier, Disketten und Leer- CDs (3).

Tipp: Kosten für den Nachhilfeunterricht, der wichtig ist um das Ziel der Ausbildung zu erreichen, kann ebenfalls unter „sonstige Kosten" abgerechnet werden (6).

Tipp: Hast du deinen Erstwohnsitz bei deinen Eltern und fährst mindestens zweimal pro Monat nach Hause, so kannst du diese Kosten für die Heimfahrten auch absetzen (5e).

Nun wenden wir uns dem Formular zu und wollen mal sehen, ob wir nicht einen höheren Werbungskostenabzug für dich und dein Kind erzielen können.

Rechts oben gehören der Name, Vorname und die Kindergeldnummer des Berechtigten hinein. Links trage deine Telefonnummer ein, dann können eventuelle Fragen schneller geklärt werden.

Nun trage das entsprechende Kalenderjahr ein bzw. den Zeitraum für den du die höheren Werbekosten geltend machen willst. Denke bitte daran, dass deine Angaben immer die Gesamtkosten eines Kalenderjahres bzw. des relevanten Zeitraums umfassen müssen.

Darunter werden dir persönlichen Daten deines Kindes erfragt (geht es hier um einen Antrag für dich selbst, dann natürlich deine Daten).

Das rechte Feld neben den Fragen wird freigelassen, dort führt die Familienkasse ihre Berechnungen durch.

Abschnitt 1: hier dreht sich alles um die Aufwendungen für die Wege zwischen der Wohnung und der Ausbildungsstätte. Für jeden Tag, an dem die Ausbildungsstätte tatsächlich aufgesucht wurde, können die vollen Entfernungskilometer zu je 0,30 € geltend gemacht werden (hier ist die Entfernungs-pauschale nur bis zu einer Höhe von 4500 € festgelegt). Diese Entfernungspauschale ist unabhängig von der Art des benutzten Verkehrsmittels. Hast du einen eigenen PKW oder dir wurde ein Fahrzeug zur Nutzung überlassen oder dir entstehen durch die Nutzung öffentlicher Verkehrsmittel höhere Kosten als die Entfernungs-pauschale abdeckt, dann empfiehlt sich das Führen eines Fahrtenbuchs bzw. das Aufheben jedes Tickets, denn diese höhere Kosten müssen exakt nachgewiesen werden. Musstest du mehrere Ausbildungsstätten aufsuchen, so kopiere diese Seite des Formulars und trage diese Fahrten als 1., 2. usw. ein oder nimm ein Extrablatt und führe die Fahrten dort einzeln auf.

Abschnitt 1a: Zuerst trage die Adresse der Ausbildungsstätte ein, dann die Anzahl der Tage, wann du die Bildungseinrichtung in dem relevanten Zeitraum bzw. in dem entsprechenden Kalenderjahres aufgesucht hast und dann die einfache Entfernung(also nur einen Weg zum Beispiel den Hinweg).

Abschnitt 1b: hier trägst du ein, welches Verkehrsmittel du benutzt hast. Bei öffentlichen Verkehrsmitteln ist es einfach. Nimm den Taschenrechner und rechne deine Tickets einfach zusammen und trage das Ergebnis links unter „öffentlichen Verkehrsmitteln", „Gesamtkosten" ein.
Hast du einen PKW oder dein Mofa benutzt, dann trage dies unter sonstige Verkehrsmittel ein.

Abschnitt 2: hast du Ausgaben für Mitgliedsbeiträge bei Gewerkschaften oder Berufsverbänden, dann lasse diese bestätigen und führe sie in diesem Abschnitt auf. (Die Beiträge werden nur in tatsächlicher Höhe berücksichtigt.)

Abschnitt 3: hier trägst du die Kosten für Arbeitsmittel ein. Reicht der Platz nicht, dann liste auf einem gesonderten Blatt alles mit Bezeichnung auf und vergiss die Kosten nicht.

Bei den Aufwendungen für Arbeitsmittel, Berufsbekleidung und Fachbüchern/Fachzeitschriften gibt es keine Pauschale, es werden nur die nachgewiesenen Kosten angerechnet. Was für dich heißt, du musst jeden Beleg über ein gekauftes Fachbuch aufheben, wenn du Büromaterial gekauft hast, lasse dir das bestätigen.

Interessant dürfte für dich sein, dass ein PC zu den Arbeitsmaterialien zählt. Ebenso gehören alle

Komponenten dazu wie Drucker, Druckerpatronen, Papier, für die Ausbildung benötigte Software.

Tageszeitungen, Boulevardblätter zählen nicht als Arbeitsmittel, bei allgemeinen Nachschlagewerken ist die Auslegung der Familienkasse unterschiedlich. Beispielsweise der Duden wird anerkannt, jedoch ein einfaches Lexikon nicht.

Abschnitt 4: Entstehen dir bzw. deinem Kind Kosten durch berufsbedingte Dienstreisen (länger als 8 Stunden pro Tag, es muss außerhalb der Bildungsstätte tätig sein und durch den Arbeitgeber sollte die Reise veranlasst sein), so kannst du diese absetzen. Zu den Kosten zählen:

► Fahrkosten (bei eigenem Fahrzeug werden folgende Werte je gefahrenen Kilometer veranschlagt. PKW: 0,30 €; Motorrad: 0,13 €; Mofa/Moped: 0,08 €; Fahrrad: 0,05 €), bei öffentlichen Verkehrsmitteln werden die tatsächlichen Kosten berücksichtigt.

► Verpflegungsmehraufwendungen werden in einem Pauschbetrag berücksichtigt.

► Kosten für die Unterkunft werden dir ohne Frühstück in voller Höhe anerkannt (Beleg).

► Die Reise muss durch den Arbeitgeber bzw. die Ausbildungsstätte bescheinigt sein.

Abschnitt 4a: hier muss die Anschrift des Zielorts und der Zeitraum der Dienstreise eingetragen werden.

Abschnitt 4b: Rechne jetzt deine Fahrkosten zusammen. Zuerst wird die Summe der Tage im Jahr erfragt, dann das Fahrzeug und die Gesamtkilometer der Hin- und Rückfahrt. Sonstige Aufwendungen können Fahrten mit dem Taxi oder Fahrgemeinschaften sein. Auch diese müssen angegeben werden, sowie deren Gesamtsumme.

Abschnitt 4c: In diesem Abschnitt musst du die Gesamtheit der Tage aufschlüsseln mit einer Abwesenheit pro Tag von a 24 Stunden, 14 Stunden oder 8 Stunden.

Abschnitt 4d: hier wird die Gesamtheit aller Kosten für die Unterkunft am Zielort von dir erfragt (ohne Frühstück).

Abschnitt 5: Eine doppelte Haushaltsführung liegt nur dann vor, wenn dein Kind bzw. du am bisherigen Wohnort einen eigenen Haushalt (Erstwohnsitz) hat und wegen der Ausbildung/Arbeit an dem Ausbildungsort (wegen zu großer Entfernung) auch eine Unterkunft benötigt. Die Kosten dafür, kannst du hier eintragen (nur für den zweiten Wohnsitz).

Zuerst musst du die allgemeinen Fragen zur doppelten Haushaltsführung beantworten.
Wohnt dein Kind vor Ort während der Ausbildung, dann kreuze „ja" an und gehe weiter in der Beantwortung der anderen Fragen.

Hat dein Kind einen so genannten eigenen Hausstand am bisherigen Ort behalten, dann trage die Anschrift ein.

Hast du beide Fragen mit „ja" beantwortet, liegt eine doppelte Haushaltsführung vor und du musst mit den nächsten Fragen fortfahren.

Abschnitt 5a: nun trage ein, wann die doppelte Haushaltsführung angefangen hat und wann sie enden wird.

Abschnitt 5b: während der ersten drei Monate der doppelten Haushaltsführung kannst du die Verpflegungsaufwendungen am neuen Wohnort absetzen (pro Tag á 24 Stunden, á 14 Stunden, á 8 Stunden Abwesenheit). Dazu gibst du die Summe der Tage an, die du während der drei Monate am neuen Wohnort warst.

Abschnitt 5c: hier geht es um die Kosten der neuen Unterkunft (Zweitwohnsitz). Gib diese entweder monatlich oder jährlich an, inklusive Nebenkosten.

Abschnitt 5d: Kosten, die dir bzw. deinem Kind entstehen, weil die neue Wohnung eingerichtet oder aufgegeben werden muss, dann kannst diese in diesem Abschnitt eintragen.

Dazu gibst du das benutzte Fahrzeug, die gefahrenen Kilometer, Fahrten mit öffentlichen Verkehrsmitteln, die entstandenen Kosten und sonstigen Aufwendungen (wie Maklergebühren etc.) an.

Abschnitt 5e: hier wird es interessant für alle, die regelmäßig nach Hause fahren zu den Eltern. Pendelst du mindestens zweimal im Monat zwischen dem Ausbildungsort und dem Zimmer bei deinen Eltern, dann kannst du diese Fahrten hier angeben. Dazu gib die Anzahl der Heimfahrten monatlich oder jährlich, mit der einfachen Entfernung(ein Weg) in Kilometern, das benutzte Verkehrsmittel und die dafür entstandenen Kosten an.

Abschnitt 6: Wenn du sonstige Werbungskosten (Bewerbungskosten, Kontoführungsgebühren) geltend machen willst, dann bist du hier richtig. Du kannst vom Prinzip her, versuchen alles abzusetzen, nur die Begründung muss passend und einleuchtend sein. Nachhilfestunden zum Erreichen des Ausbildungszieles werden dir auf alle Fälle anerkannt, und mit einem miesen Verbindungsplan der öffentlichen Verkehrsmittel, kannst du die Kosten für den Erwerb des Führerscheins und eines Fahrzeugs begründen. Der Phantasie sind also keine Grenze gesetzt.

Abschnitt 7: Und nun zu einem Abschnitt, der gleich wieder die dir entstanden Aufwendungen schmälern will. Denn jetzt sollst du erstattete Kosten durch den Arbeitgeber oder anderen Personen und Einrichtungen angeben. Die Summe wird dann den von dir geltend gemachten Kosten gegen gerechnet und wenn du bzw. dein Kind ganz großes Pech haben, sogar als Einkommen angerechnet.

Abschnitt 7a: Bekommst dein Kind unter 1 bis 6 aufgeführte Kosten steuerfrei erstattet, dann sind diese hier anzugeben mit der Summe (entweder monatlich oder jährlich) zum Beispiel durch den Träger der Schülerbeförderung. .

Abschnitt 7b: Sollte dein Kind pauschal versteuerte Ersatzleistungen für die angegebenen Fahrkosten erhalten (Zuschüsse zu den Fahrkosten und Unterkunft/Verpflegung durch die Agentur für Arbeit usw.), dann schreibe die monatliche oder jährliche Summe hier ein.

Jetzt noch mit deiner Unterschrift und der deines Kindes (mit Ort und Datumsangabe) die Richtigkeit der Angaben bestätigen und fertig.

Checkliste:

- ➢ Geburtsurkunde
- ➢ Antrag auf Kindergeld für ein weiteres Kind
- ➢ Beleg über Zahlungen im öffentlichen Dienst
- ➢ Urkunde über Pflegschaft, Sorgerecht
- ➢ Lebensbescheinigung
- ➢ Haushaltsbescheinigung

- Ausbildungsbescheinigung
- Eigenbemühungen um einen Ausbildungsplatz
- Bei abgebrochener Ausbildung die Kündigung des Ausbildungsvertrags
- Erklärung zum Einkommen und Bezügen eines über 18 Jahre alten Kindes
- Erklärung zu den Werbungskosten eines über 18 Jahre alten Kindes
- Schulbescheinigung
- Bescheinigung über die Fortdauer bzw. das Ende der Berufsausbildung
- Antrag auf Auszahlung des anteiligen Kindergeldes,
- Antrag auf Kindergeld für ein über 18 Jahre altes Kind ohne Ausbildungs- oder Arbeitsplatz
- Antrag auf Kindergeld für Vollwaisen oder Kinder, die den Aufenthaltsort ihrer Eltern nicht kennen
- Totenschein der Eltern
- Verschollenheitserklärung
- Belege für die Einkommenserklärung
- Belege für die Werbungskosten
- Veränderungsmitteilung

Anmerkung: Zum Zeitpunkt der Erstellung dieses Buches, stehen Gesetzesentwürfe zur Diskussion, die die Altersgrenze für Kindergeldzahlung betreffen. Beabsichtigt ist, die Grenze von 27 Jahren auf 25 Jahre mit Wirkung vom 01.01.2007 herabzusetzen.

Kinderzuschlag

Der Kinderzuschlag wurde im Januar 2005 eingeführt um eine Hilfebedürftigkeit im Sinne von ALG II zu vermeiden. Wie diese Hilfebedürftigkeit ausgelegt und berechnet wird, ist mitunter erstaunlich. Selbst Richter bei Sozialgerichten stehen mitunter vor Rätseln, denn ein Paragraph passt mit dem anderen einfach nicht zusammen. In der Regel soll durch die Zahlung von dem Kinderzuschlag die Zahlung von Hartz IV an Familien vermieden werden.

Kaum jemand weiß etwas davon, selbst die Mitarbeiter bei der Arbeitsagentur haben davon nur begrenzte Kenntnis. Dieser Kinderzuschlag wird an Eltern für die Dauer von drei Jahren (ab Antragsstellung) gezahlt. Selbst jetzt, reichlich drei Jahre nach der Einführung, haben die Mitarbeiter bei der Arbeitsagentur geringe Kenntnis davon.

Nun gilt seit 2009 eine Änderung des Kinderzuschlags, es gibt hoffnungsvolle Prognosen, wie vielen Eltern damit geholfen werden kann. Wird jedoch der Zugang zum Kinderzuschlag weiterhin so erschwert, wie es in den letzten Jahren der Fall war, dürfte sich diese Zuversicht nicht erfüllen.

Uns ist ein Fall in Niedersachsen bekannt, da liegt der Kinderzuschlag seit 42 Monaten bei dem zuständigen Sozialgericht. Das heißt, da der Kinderzuschlag 3 Jahre lang gezahlt wird, ist der Kinderzuschlag mittlerweile seit 6 Monaten ausgelaufen. Die Familie hat durch dieses zögerliche Verhalten von Gerichten und Ämtern ihr Zuhause verloren und die Mutter ist schwer erkrankt.

Trotzdem solltest du mit einem geringen Einkommen sowie Kindern (und du Gefahr läufst, Hartz IV zu erhalten), einen Antrag auf Kinderzuschlag stellen.
Hinweis: ¨Erhältst du bereits Sozialhilfe oder Hartz IV, bekommst du keinen Kinderzuschlag. Denn die Obergrenze von Hartz IV ist die

Mindesteinkommensgrenze

Mindesteinkommensgrenze für den Kinderzuschlag. Seit Ende 2008 gelten folgende **untere Einkommensgrenze für Eltern 900 € und Alleinstehende 600 €.**

Die **Besonderheit** des Kinderzuschlages besteht in der Mindesteinkommens- und Höchsteinkommensgrenze.

Die **Mindesteinkommensgrenze** ist das Einkommen, das den Regelsatz nach ALG II der Eltern deckt, aber nicht ausreichend für die Kinder ist. Es setzt sich aus den pauschalierten Leistungen zur Sicherung des Lebensunterhaltes (Regelleistungen und Leistungen des Mehrbedarfs) sowie der Kosten für Heizung und Unterkunft zusammen. Die pauschalierten Leistungen kannst du unter ALG II in diesem Buch einsehen.

Erreichst du die Mindesteinkommensgrenze nicht, bekommst du keinen Kinderzuschlag, aber ALG II.

Die Höchsteinkommensgrenze

Das Einkommen und Vermögen der Eltern darf eine festgelegte Obergrenze nicht überschreiten. Um diese obere Einkommensgrenze zu ermitteln, ist - wie bisher - die komplizierte Berechnung von Lebensunterhalt und Wohnanteil der Eltern als Bemessungsgrenze im Sinne der Regelungen zum Arbeitslosengeld II nötig.

Die Höchsteinkommensgrenze entspricht dem Gesamtbedarf der Eltern zuzüglich dem Gesamtkinderzuschlag, den die Familie für ihre Kinder erhalten könnte. Liegt dein Einkommen darüber, besteht kein Anspruch auf den Zuschlag mehr. Um die Höchsteinkommensgrenze zu berechnen, muss zunächst der Gesamtbedarf von dir und deinem Partner (wenn ihr zusammen lebt) ermittelt werden. Diese Bemessungsgrenze berechnet sich in zwei Schritten:

1. Schritt: Pauschalierte Leistungen zur Sicherung des Lebensunterhalts (seit 1.7.2008)

Alleinstehende Elternteile	100 % der Regelleistung	351 Euro
Elternpaare	zweimal 90 % der Regelleistung	632 Euro
Kinder ab 15 Jahre	80 % der	je 281

bis 25 Jahre	Regelleistung	Euro
Kinder bis 14 Jahre	60 % der Regelleistung	je 211 Euro

Zusätzlich zur Regelleistung gibt es nach wie vor Leistungen für Mehrbedarfe, zum Beispiel für Schwangere, manche Behinderte (Merkzeichen G und H) und Menschen, die aus medizinischen Gründen teure Spezialnahrung benötigen.

2. Schritt: Wohnanteil

Jetzt wird es interessant, denn an dieser Rechnung streiten sich Gerichte und Ämter.

Die Kosten für Miete und Heizung werden in der tatsächlichen Höhe angesetzt, wenn sie angemessen sind.

(Das ist lustig, denn die Behörden ermitteln die üblichen Kosten anhand des örtlichen Mietspiegels und legen fest, welche Beträge angemessen sind. Hast du mehr Kosten wegen Straßenausbaubeiträgen beispielsweise, dann musst du die Anerkennung dieser Zwangskosten als tatsächliche Kosten einklagen).

Um den Lebensunterhalt der Eltern zu ermitteln, wird aber nur ihr Wohnanteil berücksichtigt: Das ist der Teil von Miet- und Heizkosten, der auf die Eltern entfällt. Er ist abhängig von eurer Kinderzahl.

Alleinstehende Eltern mit	Wohnanteil des Elternteiles
1 Kind	75,53 %
2 Kindern	60,68 %
3 Kindern	50,71 %
4 Kindern	43,55 %
5 Kindern	38,17 %

Elternpaare mit	Wohnanteil der Eltern
1 Kind	83,20 %
2 Kindern	71,23 %
3 Kindern	62,27 %
4 Kindern	55,31 %
5 Kindern	49,75 %

Beispiel: Angenommen, ihr seid eine Familie mit drei Kindern und bezahlt für Miete/ Heizung monatlich 900 Euro. Der Lebensunterhalt von euch Eltern berechnet sich so:

Pauschale Regelleistung für das Elternpaar	632 Euro
anteilige Wohnkosten (62,27 % von 900 Euro, gerundet)	560 Euro
Gesamtbedarf = Bemessungsgrenze	1.192 Euro

Ein weiteres Beispiel: Eine alleinerziehende Mutter mit zwei Kindern bezahlt monatlich 500 Euro

für Miete und Heizkosten. Ihre Höchsteinkommensgrenze errechnet sich so:

Grundbedarf der Mutter Pauschale Regelleistung (100 %)	351 Euro
Wohnbedarf (60,68 % der angemessenen Kosten), gerundet	303 Euro
Gesamtbedarf der Mutter = Bemessungsgrenze	654 Euro
zuzüglich max. Gesamtkinderzuschlag (2 x 140 Euro)	280 Euro
Höchsteinkommensgrenze	934 Euro

Nur wenn sich Einkommen und Vermögen der
Mutter zwischen 600 und 934 Euro monatlich
bewegen, kann sie den Kinderzuschlag erhalten.
Liegt ihr Einkommen über 934 Euro, kann sie im
Sinne des Gesetzes für den gesamten
Familienbedarf selbst aufkommen.

Noch eine Neuerung seit 2009: das Einkommen
aus Erwerbstätigkeit wird nur noch zu 50 % auf den
Kinderzuschlag angerechnet, statt wie früher 75 %.

Der Antrag ist bei der Agentur für Arbeit, bei der
zuständigen Familienkasse einzureichen. Der
Kinderzuschlag wird dir nach Antragstellung für
maximal 3 Jahre gezahlt und ist nur für
minderjährige Kinder erhältlich.

Doch mit dem Einreichen des Antrages beginnen sich die Ämter zu streiten und so mancher Beamter scheint mit der normalen Berechnung auf Kriegsfuß zu stehen. Also sei darauf gefasst, dass es durchaus im Bereich der vielfältigen Möglichkeiten liegt, dass du dir erst dein Recht erkämpfen musst, wie die Familie in Niedersachsen!

Selbst wenn du an Hand deiner ganzen Papiere auf dem Kinderzuschlagrechner des Bundesministeriums für Familie und Soziales den vollen Zuschuss errechnet hast, werden die Gesetze und Belege sehr eigenwillig von den Behörden ausgelegt – oft kommen ganz andere Ergebnisse heraus als beim Rechner. Wir können dies aus eigener Erfahrung bestätigen.

Deinen Kampf unterstützen wir, in dem wir dir wieder helfen beim Ausfüllen der Formulare und dir eine Checkliste geben, was du alles an Papieren benötigst.

Übrigens seit Ende 2008 kann dir der Kinderzuschlag längstens bis zur Vollendung des 25. Lebensjahres deines Kindes bezahlt werden.

Vorraussetzungen dafür sind folgende:

> ► in deinem Haushalt leben minderjährige Kinder bzw. Kinder unter dem 25. Lebensjahr, für die du Kindergeld erhältst.

► du hast Einkommen bzw. Vermögen, welches deinen Regelbedarf nach ALG II abdeckt (bei Ehepaaren deren Regelbedarf nach ALG II), aber nicht den deiner Kinder.

► Der höchstmögliche Kinderzuschlag beträgt pro Kind 140 € und steht dieser mehreren Kindern zu, so wird daraus der Gesamtkinderzuschlagsbetrag gebildet.

Gehörst du zu den Eltern, die bereits Arbeitslosenhilfe, Sozialhilfe, Arbeitslosengeld II oder Sozialgeld beziehen und sonst keine Einkünfte haben, dann bekommst du keinen Kinderzuschlag, denn hier ist eine Hilfebedürftigkeit im Sinne von ALG II vorliegend.

Eine Faustregel besagt, dass du einen Anspruch auf den Kinderzuschlag ableiten kannst, wenn dir Wohngeld gezahlt wird und du eine gering bezahlte Arbeit hast. Umgekehrt gilt auch, bekommst du den Kinderzuschlag, dann solltest du schnellstens das Wohngeld beantragen.

Einkommen

Als erstes werden wir dir den Einkommensbegriff, die Einkommensgrenzen und die Auswirkung der Einkünfte deines Kindes auf den Kinderzuschlag erklären. Zu beachten ist hier, dass das Kindergeld hier nicht als Einkommen angerechnet werden darf.

Zum Einkommen werden diese Einnahmen gerechnet:

- ► Einnahmen aus nichtselbständigen (Lohn) oder selbständigen Erwerbstätigkeit
- ► Unterhaltsleistungen oder Unterhaltsvorschuss
- ► Entgeltersatzleistung wie Krankengeld oder Arbeitslosengeld
- ► Renten aus der Sozialversicherung
- ► Kapital- und Zinserträge
- ► Einnahmen aus Vermietung und Verpachtung

Aufgepasst! Diese Einnahmen sind wegen ihrer Zweckbestimmung bei der Berechnung des Kinderzuschlags als Einkommen **nicht** zu berücksichtigen:

- ► Kindergeld
- ► Wohngeld
- ► Erziehungsgeld
- ► Mutterschaftsgeld
- ► Leistungen der Pflegeversicherung
- ► Grundrenten nach dem Bundesversorgungsgesetz

Von den Bruttoeinnahmen werden folgende Beträge abgezogen:

- ► die darauf entfallenden Steuern wie Lohnsteuer, Kirchensteuer,

Einkommenssteuer,
Solidaritätszuschlag
► Beiträge zur gesetzlichen
Sozialversicherung
► Beiträge zu sonstigen Versicherungen
(Privat-, Haftpflicht-, Hausrat- oder
Gebäudeversicherung, Beiträge zur
Altersvorsorge)
► Werbungskosten,
► Pauschalierter Freibetrag für
Erwerbstätige, abhängig vom
Einkommen bis zu 237 € monatlich.

Vermögen

Als Vermögen sind alle verwertbaren
Vermögensgegenstände zu berücksichtigen, z.B.
Bargeld, Sparguthaben, Wertpapiere,
Bausparguthaben, Lebensversicherungen, Haus-
und Grundeigentum (alles was unter 10%
Wiederverkaufswert ist, muss nicht verkauft
werden).

Nicht als Vermögen gelten:

► angemessener Hausrat, der zur
Lebensführung notwendig ist
► zur Altersvorsorge bestimmtes
Vermögen von nicht
Rentenversicherungspflichtigen
► eine angemessene, selbst bewohnte,
Immobilie - wobei die
Lebensumstände (z.B. behinderte

Kinder oder Kinderanzahl) eine Rolle spielen.

Vom Vermögen werden abgezogen:

► ein Freibetrag von 150 € je vollendetem Lebensjahr, mindestens 3.100 € und höchstens 9.750 € je Elternteil im gemeinsamen Haushalt

► ein Grundfreibetrag von 3.100 € vom Vermögen eines im Haushalt lebenden, minderjährigen Kindes

► einen Freibetrag für notwendige Anschaffungen von je 750 € je Elternteil oder vermögenden Kindes

► staatlich gefördertes Altersvorsorge-vermögen maximal 16.250 € (je Lebensjahr 250 €).

Die Kosten für Heizung und Unterkunft werden in Höhe der tatsächlichen Aufwendungen angerechnet. Bei der Ermittlung des elterlichen Bedarfs wird nur der Anteil, der auf die Eltern dabei anteilig entfällt, berechnet. Danach ergeben sich folgende Anteile:

Die Höchsteinkommensgrenze ist dann erreicht, wenn dein Einkommen und Vermögen die Summe aus dem elterlichen Bedarf (Regelungen im Sinne ALG II) und dem Gesamtkinderzuschlag (die

Summe aus dem Kinderzuschlag abzüglich des Einkommens des Kindes) überschreitet.

Dabei beachte aber: Einkommen aus nichtselbständiger bzw. selbständiger Tätigkeit der Eltern darf nur zu 50 % angerechnet werden. Wird der Regelbedarf überstiegen, wird dieser Anteil nur teilweise vom Gesamtkinderzuschlag abgezogen. Je volle 10 € an Erwerbseinkünften oberhalb der Mindesteinkommensgrenze mindern den Gesamtkinderzuschlag stufenweise um 7 €. Vermögen wird aber in vollem Umfang abgezogen.

Hat eines deiner Kinder eignes Einkommen, so gibt es eine andere Regelung und Berechnung. Hier wird kein Gesamtkinderzuschlag gebildet, sondern von jedem einzelnen Kind der Kinderzuschlag dem jeweiligen Einkommen entgegen gerechnet.

Beantragen kannst du den Kinderzuschlag bei deiner Familienkasse und ausgezahlt wird dieser Zuschuss demjenigen, der auch das Kindergeld bekommt.

Die Formulare kannst du unter **www.familienkasse.de** oder **www.kinderzuschlag.de** herunterladen oder bei deiner Familienkasse telefonisch anfordern.

Damit du weißt, welche Daten man von dir benötigt, helfen wir dir durch den Dschungel der Formulare und beginnen mit dem (Haupt-)Antrag auf Kinderzuschlag.

Hauptantrag - Antrag auf Kinderzuschlag

Oben links trägst du deine Kindergeldnummer ein. Auch der Kinderzuschlag wird unter dieser Nummer laufen.

Abschnitt 1: hier gehören deine persönlichen Daten hinein, der Name, Vorname, Titel (Dr. oder Prof.), Geburtsname und Familiennamen aus früheren Ehen, Geburtsdatum, Geschlecht, Staatsangehörigkeit, Telefonnummer, Familienstand (der aktuelle und seit wann).

Abschnitt 2: Angabe der Adresse und Bankverbindung.

Abschnitt 3: Hast du einen Partner oder Ehegatten, dann gehören hier seine persönlichen Daten hinein (Name, Vorname, Geburtsname und Namen aus früheren Ehen, Geburtsdatum, Geschlecht und Staatsangehörigkeit).

Abschnitt 4: Hier werden die Daten deiner Kinder eingetragen.

Abschnitt 4.1: nun musst du die bei dir lebenden, minderjährigen Kinder aufführen - mit Vornamen (Familiennamen nur, wenn er von deinem abweicht), Geburtsdatum, Geschlecht, dem Verwandtschaftsverhältnis zu dir (wie leibliches Kind), Staatsangehörigkeit und Familienstand - (sollte dein Sprössling schon mit 16 Jahren geheiratet haben, dann verheiratet seit....). Hast du mehr als drei Kinder, dann musst du das Zusatzblatt KiZ 1b ausfüllen.

Abschnitt 4.2: wenn sich von diesen eingetragenen Kindern eines nicht ständig bei dir aufhält, sondern beispielsweise bei deinem Expartner (geteiltes Sorgerecht) oder in einem Heim untergebracht ist, dann musst dieses hier eintragen unter Angabe der Gründe und dem Aufenthaltsort.

Abschnitt 4.3: hier wird nach volljährigen Personen, außer dir und deinem Partner, in deinem Haushalt gefragt. Dabei geht es insbesondere um volljährige Kinder oder deine Eltern, um das Mindesteinkommen zu ermitteln. Hier werden die anteiligen Unterkunftskosten errechnet, die auf diese Personen entfallen. Leben mehr als drei Personen über 18 Jahre in deinem Haushalt, dann musst du das Zusatzblatt KiZ 1b ausfüllen.
Trage die persönlichen Daten ein wie unter 4.2 ein.

Doch aufgepasst! Hier ist eine Grauzone der Rechtslage. Denn du bist auch für deine über 18 Jahre alten Kinder unterhaltspflichtig, wenn sie keine Einnahmen haben. Dieser Unterhalt wird im Moment von der Familienkasse teilweise nicht anerkannt, aber die anteiligen Kosten für Unterkunft werden grundsätzlich abgerechnet. Auch wenn du das Kindergeld für deine erwachsenen Kinder erhältst, rechnet man es dir gern als Einkommen an, auch wenn du es ihnen intern auszahlst, als Teil des Unterhalts. Insofern stellt dies eine soziale Ungerechtigkeit dar.

Tipp: Solltest du dich in dieser Situation befinden und dir werden die Unterhaltskosten für deine volljährigen Kinder nicht anerkannt, dann gehe in Widerspruch und klage gegen diesen Bescheid. Auch wenn man dir den Kindergeldbetrag deiner Großen als Einkommen zurechnet. Deine Erfolgsaussichten sind sehr gut.

Abschnitt 5: sollte es für eines deiner minderjährigen Kinder einen medizinisch begründeten Mehrbedarf geben, dann musst du diesen Abschnitt unter Angabe des Namens und des Grundes ausfüllen. Dazu musst du das Zusatzblatt „Ärztliche Bescheinigung zum Mehrbedarf für kostenaufwendige Ernährung" ausfüllen. Der Mehrbedarf für Alleinerziehende, werdende Mütter ab der 13.

Schwangerschaftswoche und behinderte Personen wird dir automatisch von der Familiekasse zugerechnet.

Abschnitt 6: Hier will man deine Unterkunftskosten erfahren. Als angemessener Wohnraum gilt die Definition zum angemessenen Wohnraum aus dem ALG II nach den örtlichen Regelungen (ausführlich nachzulesen in diesem Buch).

Tipp: Dabei ist immer den besonderen Lebensumständen Rechnung zu tragen. Hast du also ein behindertes Kind, welches mehr Platz oder eine besondere Wohnsituation benötigt, dann nehme ein gesondertes Blatt und begründe deinen Anspruch auf mehr Platz oder eine teurere Wohnung.

Abschnitt 6.1: Hier trägst du ein, ob du in einer Mietwohnung oder in einem eigengenutzten Haus (bzw. Eigentumswohnung) lebst und was du an Kaltmiete oder Schuldzinsen zahlen musst.

Abschnitt 6.2: nun musst du die Gesamtfläche deiner Wohnung oder deines Hauses angeben, sowie die Wohnfläche (das sind die qm einer Wohnung ohne Korridor, Abstellräume und Keller, also die reinen Wohnflächen), Anzahl der Räume, Küchen und Bäder.

Abschnitt 6.3: Jetzt sind die Heiz- und Nebenkosten gefragt. Diese setzen sich aus sämtlichen die Wohnung oder das Haus betreffenden Nebenkosten zusammen (Grundsteuer, Schornsteinfeger, Müllabfuhr, Straßenreinigung, und den tatsächlichen Heizkosten). Diese sind an Hand von Bescheiden und Rechnungen zu belegen.

Abschnitt 6.4: wenn jemand ein notariell beurkundetes freies Wohnrecht in deinem Haushalt hat, dann bedeutet das für dich, dass die Unterkunftskosten für diese Person nicht angerechnet werden. Betrifft es eines deiner minderjährigen Kinder, kann es sein, dass man mit der Haushaltsgemeinschaft argumentiert und dir keine Unterkunftskosten berechnet werden. Mit ganz viel Pech, kann dieses freie Wohnrecht sogar als Einkommen berechnet werden.

Abschnitt 7.1: In diesem Abschnitt geht es um dein Einkommen und das deiner Familie. Es werden in den nächsten Zeilen die unterschiedlichen Einkommensarten und Werbungskosten der einzelnen Personen erfragt.

Tipp: Bekommst du oder dein Partner Leistungen der Agentur für Arbeit, dann kannst du darauf verweisen und dich damit einverstanden erklären, dass die dortigen Angaben zu Vermögen und Einkünften zu Grunde gelegt werden. Damit wird das Prüfverfahren entschieden verkürzt.

Zeile 7.11: hier sind alle Einnahmen aus sämtlichen Arbeiternehmertätigkeiten gemeint, auch Vergütungen aus Praktika oder Anlernverhältnisse. Dieses Einkommen ist durch die „Verdienstbescheinigung des Arbeitgebers" nachzuweisen.

Zeile 7.12: nun musst du Einkünfte aus selbständiger Tätigkeit oder einem Gewerbebetrieb (mit Steuerbescheid oder Gewinn- Verlustrechnung nachzuweisen, siehe auch das Formular „Selbsteinschätzung des Einkommens aus selbständiger Tätigkeit"), aus Land- und Forstwirtschaft belegen.

Zeile 7.13 und 7.14: hier werden Leistungen der Agentur für Arbeit erfragt. Dabei musst du die Kundennummer, die betreffende Agentur und die Art der Leistung angeben.

Zeile 7.15 bis 7.19: Nun musst du angeben, was sonst noch als Einkommen relevant wäre, wie:

Zeile 7.15: Leistungen der Sozialhilfe, Kranken-, Renten-
oder Unfallversicherung, bzw. nach beamten- oder
soldatenrechtlichen Vorschriften (zu belegen durch
den Bescheid in Kopie)

Zeile 7.16: Unterhaltszahlungen (Kindesunterhalt,
Ehegattenunterhalt)

Zeile 7.17: Unterhaltsvorschuss

Zeile 7.18: BAFöG

Zeile 7.19: als sonstiges Einkommen gelten beispielsweise
Einnahmen aus Kapitalvermögen, Leistungen aus
dem Asylbewerberleistungsgesetz, Wohngeld (das
ist fraglich, da es ausdrücklich als Einkommen nicht
gewertet wird), Steuerrückerstattungen,
Abfindungen, Eigenheimzulage (ist ebenfalls
umstritten, da es der Tilgung und Sicherung des
Eigenheims gilt). Bescheide oder Kontoauszüge
reichen hier als Beleg.

Abschnitt 7.2: Jetzt geht es um die Werbungskosten für die
obigen Einnahmen. Das heißt du kannst entweder
das ganze pauschal berücksichtigen lassen, doch
sei gewarnt, die Pauschalbeträge(monatlich
allgemein 15, 33 € und 30 € für Versicherungen
sowie 0,20 € je gefahrenen Kilometer zur Arbeit)
sind immer sehr niedrig angesetzt. Hast du mehr
Ausgaben, dann lohnt es sich schon, diesen
Abschnitt auszufüllen.

Zeile 7.21: hast du Aufwendungen durch ein
Arbeitsverhältnis? Sicherlich, also kreuze „ja" an.

Zeile 7.211: deine Fahrkosten pro km werden dir für die
kürzeste Strecke in Höhe von 0,20 € pro gefahrenen
km und pro Arbeitstage berechnet.

Zeile 7.212: andere Aufwendungen können sein, Beiträge zur Berufsverbänden und Gewerkschaften, Berufsbekleidung oder Fachbücher zur Weiterbildung im Beruf.

Zeile 7.22: Hast du Aufwendungen für Versicherungen? Pauschal werden private Versicherungen mit 30 € berücksichtigt. Aber auch die Kfz-Haftpflichtversicherung muss voll berücksichtigt werden, wenn du mit dem Auto zur Arbeit musst oder eine Risikolebensversicherung zur Absicherung deines Wohneigentums abschließen musstest.

Zeile 7.221: eine Gebäudeversicherung muss dir anerkannt werden, wenn sie zur Sicherung deines Wohneigentums benötigt wird.

Zeile 7.222: bei der Kfz- Versicherung wird dir nur die Haftpflicht (weil diese gesetzlich vorgeschrieben ist) berechnet.

Zeile 7.223: staatlich geförderte Altersvorsorgebeträge wie die Riesterrente müssen im vollen Umfang mitberechnet werden, da diese mittlerweile Pflicht werden.

Zeile 7.224: sonstige Versicherungen können bei Selbständigen Berufsversicherungen sein, aber auch Haftpflichtversicherungen bei geistig behinderten Kindern müssen anerkannt werden, wenn sie auf Grund der Behinderung des Kindes oder der Person empfohlen sind.

Abschnitt 7.3: hast du irgendwelche Leistungen beantragt und diese noch nicht erhalten, dann musst du sie in diesem Abschnitt eintragen.

Abschnitt 8: wenn du, dein Partner oder deine Kinder Vermögen besitzen, dass einen Wert von 4.850 €

pro Person übersteigt, dann musst du das angeben und den Vordruck „Erklärung zum Vermögen" ausfüllen.

Abschnitt 9: hier wird gefragt, ab wann du den Kinderzuschlag beanspruchst. Hier ist der Tag der Antragstellung anzugeben, bei Angabe eines früheren Datums musst du die Zeit zwischen dem angegebenen Datum und der Antragstellung lückenlos belegen (Einkünfte, Kontenbewegungen etc.).

Das unterschreibst du, wobei du versicherst, dass deine Angaben der Wahrheit entsprechen. Sollte jemand Leistung nach dem II. SGB erhalten, dann muss derjenige die Zusatzerklärung unterschreiben. Und fertig ist das Formular.

Checkliste:

- ► Antrag auf Kinderzuschlag
- ► Mietvertrag in Kopie
- ► Kaufvertrag und Kreditvertrag in Kopie
- ► Nebenkosten in Kopie
- ► Heizkosten eines Jahres als Rechnung oder Kopie des Bescheides
- ► „Verdienstbescheinigung des Arbeitgebers"
- ► „Ärztliche Bescheinigung zum Mehrbedarf für kostenaufwendige Ernährung"
- ► Zusatzblatt KiZ 1b
- ► Selbsteinschätzung des Einkommens aus selbständiger Tätigkeit

- ▶ Zusatzblatt KiZ 1a (beim Erstantrag beifügen)
- ▶ Erklärung zum Vermögen
- ▶ „Antrag auf Kinderzuschlag für Personen, die Leistungen nach dem II. SGB beantragt haben"
- ▶ „Erklärung des Mieters bzw. Eigentümers über die Unterkunftskosten"

Zusatzblatt KiZ 1b

Dieses Formular ist nur dann auszufüllen, wenn mehr als drei Personen in deinem Haushalt leben und der Platz im Formular „Antrag auf Kinderzuschlag" nicht ausreicht.

Die Ausfüllhinweise sind dieselben wie im Hauptantrag.

Verdienstbescheinigung des Arbeitgebers

Dieses Blatt ist schnell erledigt. Oben links trägst du deinen Namen, Vornamen und die Kindergeldnummer ein. Danach gibst du die Adresse der Familienkasse an und für wen die Verdienstbescheinigung sein soll. Dieses Formular gibst du bei deinem Arbeitgeber ab.

Aufgepasst! Bei mehreren Arbeitsverhältnissen brauchst du je eine Bescheinigung.

Ärztliche Bescheinigung zum Mehrbedarf für kostenaufwendige Ernährung

Auch dieses Formular ist schnell fertig. Fülle einfach oben links die Felder wie gehabt aus (Name, Vorname, Kindergeldnummer und Adresse der betreffenden Familienkasse) und gib es bei deinem Hausarzt ab.

Bei mehreren Personen musst du für jede Person ein Formular einreichen.

Selbsteinschätzung des Einkommens aus selbständiger Tätigkeit

Dieses Formular ist wichtig, wenn die selbständige Tätigkeit noch nicht lange besteht und keinerlei Unterlagen des Finanzamtes dafür vorliegen.

Als Nachweis für die zu Grunde gelegten Zahlen in der Selbsteinschätzung reicht auch meistens eine Bilanz, Gewinn- Verlustrechnung oder die Prognose deines Steuerberaters. Diese Unterlagen sind meist detailliert genug, so das du nur darauf verweisen musst (füg sie in Kopie bei), das Formular einfach unterschreibst und abgibst.

Hast du nichts vorliegen, dann wirst du in den sauren Apfel beißen müssen und alles Schritt für Schritt mit uns gemeinsam ausfüllen.

Oben links trägst du den Namen, Vornamen, Kindergeldnummer und Adresse der Familienkasse ein.

Als nächstes kommt der Name, Vorname und das Geburtsdatum der Person, für die diese Selbsteinschätzung ist.

Dann muss die Art der Tätigkeit aufgeführt werden.

Anschließend wird nach den geschätzten monatlichen Betriebseinnahmen in einem bestimmten Zeitraum gefragt.

Davon kannst du in der nächsten Zeile entweder die Betriebsausgaben pauschal absetzen (30%) oder führst bei höheren Ausgaben die Positionen einzeln in der monatlichen Höhe auf.

Das unterschreibst du mit Orts- und Datumsangabe, wobei du gleichzeitig versicherst, dass die Angaben wahrheitsgemäß sind.

Zusatzblatt KiZ 1a

Dieses Blatt ist von dir zu verwenden, wenn du bisher kein Kindergeld von der Familienkasse erhalten bzw. noch nicht beantragt hast.

Hast du bereits eine Kindergeldnummer, so trage sie links oben ein.

Abschnitt 1: hier trägst du deine persönlichen Daten wie Name, Vorname, Titel, Geburtsname und Namen aus anderen Ehen, Geburtsdatum, Geschlecht, Staatsangehörigkeit und Telefonnummer ein.

Abschnitt 2: hast du in den letzten 5 Jahren eine Geldleistung außerhalb Deutschlands erhalten, die die Zahlung des deutschen Kindergeldes ausschließt, so musst du diese hier angeben.

Abschnitt 3: hast du oder dein Partner im öffentlichen Dienst gearbeitet, so gib das unter diesem Abschnitt mit der Dauer des Arbeitsverhältnisses und der Adresse des Arbeitgebers an. Denn dann hast du von diesem aller Wahrscheinlichkeit nach Kindergeld erhalten und die Familienkasse wird von ihm deine Kindergeldakte anfordern.

Dann versicherst du die Richtigkeit deiner Angaben, indem du mit Orts- und Datumsangabe unterschreibst.

Erklärung zum Vermögen

Hast du das vorige Kapitel über Kindergeld gelesen, dann wirst du sehen, dass der Fragebogen zum Vermögen identisch ist.

Solltest du also Fragen haben, dann schau dort einfach nach.

Antrag auf Kinderzuschlag für Personen, die Leistungen nach dem II. SGB beantragt haben

Hast du ALG II beantragt und es wurde noch nicht darüber entschieden, dann verwende dieses

Formblatt. Es ist in allen Punkten fast identisch mit dem Hauptantrag. Nur Abschnitt 4 ist etwas anders.

Abschnitt 4.1: hier musst du alle Einnahmen angeben, die nach der Beantragung des ALG II von den zu deinem Haushalt gehörigen Personen erzielt wurden.

Abschnitt 4.2: hier kannst du alle abzusetzenden Werbungskosten angeben, die aus den 4.1 aufgeführten Einnahmen entstanden sind.

Abschnitt 4.3: Zu den Leistungen anderer Stellen gehören Kranken-, Renten- und Unfallversicherung, Sozialhilfe sowie Leistungen nach dem Unterhaltsvorschussgesetz.

Dann unterschreibst du das Formular. Derjenige, der die ALG II-Leistungen beantragt hat unterschreibt die Zusatzerklärung, bei welcher der Familienkasse gestattet wird, Einsicht in die betreffende Akte der Agentur für Arbeit zu nehmen, um die Angaben zu Einkommen und Vermögen abzugleichen.

Erklärung des Mieters bzw. Eigentümers über die Unterkunftskosten

In diesem Formular geht es um die genauen Kosten für dein Haus bzw. deine Wohnung. Es wird die Kaltmiete oder die reinen Zinsen erfragt und weiter gibst du die genauen Nebenkosten an.

Bist du Mieter, dann ist das Ausfüllen einfach.

Du füllst einfach **links oben** das Kästchen mit deinem Namen, Vornamen, Kindergeldnummer und der Adresse der betreffenden Familienkasse aus.

Eventuell noch die **erste Zeile**, in der nach Angaben zum Mieter bzw. Eigentümer der Wohnung oder des Hauses gefragt wird, und gibst den Rest bei deinem Vermieter ab. Der füllt das Formular aus und gibt es dir in der Regel innerhalb von einer Woche zurück.

Wenn du **Eigentümer** bist, nehme alle Unterlagen, die du für dein Haus oder deine Eigentumswohnung hast, sowie unser Buch zur Hand und los geht es.

Was du **oben links** eintragen musst, kennst du schon aus dem vorigen Abschnitt für Mieter, daher machen wir mit der Frage nach deinem Wohnort weiter (in der Mitte der Seite).

Du musst angeben, ob du zur **Miete wohnst oder nicht.** Wenn ja, trage die Kaltmiete ein, wenn nein, fahre mit der nächsten Frage nach dem eignen Haus fort.

Hier darfst du nur die **Kosten bzw. jährlichen oder monatlichen Schuldzinsen** des eigen genutzten Wohnraums angeben. Die Tilgung gehört hier nicht hinein.

Nächster Abschnitt: Jetzt ist die **Gesamtfläche** deiner Wohnung bzw. deines Hauses gefragt. Schau einfach bei unserer Erklärung für den Hauptantrag Kinderzuschlag unter 6.2 nach.

Ende der ersten Seite: vgl. unser Erklärung Kinderzuschlag 6.4

Anfang Seite 2: wann das Haus bezugfertig geworden ist, ist wichtig für die Höhe der Unterkunftskosten. Angenommen das Haus wurde 1954 erstmalig bezugsfertig, aber 1996 komplett saniert und modernisiert, dann schreib es so auf. Meistens wird die Komplettsanierung als relevantes bzw. aktuelles Datum gewertet.

Nächste Frage (nach Heizungsart): Die Heizungsart ist wichtig für die Heizkosten und für die Bewertung der Miete bzw. Unterkunftskosten. Mit Sammelheizung ist eine Zentralheizung oder Etagenheizung gemeint (alle Räume werden von einem Punkt aus geheizt).

Frage nach Nebenkosten: Hier führst deine monatlichen Nebenkosten auf. Hast du nur Bescheide über die jährlichen Summen, dann teile diese einfach durch 12 und schon hast du die monatlichen Kosten.

Warmwasseraufbereitung wird dir pauschal abgezogen, sollte dies in den Nebenkosten mit enthalten sein. Denn man ist der Meinung, dass dies schon im Regelsatz mit enthalten ist.

Dann einfach das Formular mit Orts-, Datumsangabe und Unterschrift versehen und schon bist du fertig.

Bundeserziehungsgeld

Gültig für Kinder geboren bis 31.12.2006

Erziehungsgeld steht dir vom ersten Lebenstages deines Babys bis zum dritten Lebensjahr, also dem 2. Geburtstag, zu. Es muss jährlich beantragt werden, ist ebenfalls einkommensabhängig und muss nicht zurückgezahlt werden.

Du kannst es beim Amt für Familie und Soziales bei deinem Landkreis oder deiner Stadt bei der für dich zuständigen Erziehungsgeldstelle beantragen.

Einen Anspruch auf Erziehungsgeld haben Mütter und Väter (dabei spielt es keine Rolle, welche Tätigkeit du vorher hattest), die ihren Wohnsitz in Deutschland haben und ihr Kind, für das Erziehungsgeld gezahlt werden soll, selbst erziehen und betreuen.

Dazu muss das Kind in deinem Haushalt leben und du darfst nur maximal 30 Stunden in der Woche arbeiten.

Es gibt aber auch Härtefallregelungen. Das trifft dann zu, wenn du zum Beispiel eine Berufausbildung hast oder du als Tagesmutter nicht mehr als 5 Kinder betreust. Eine weitere Härtefallregelung ist, wenn dein Partner verstorben ist.
.

Die Elternzeit kannst du dir auch mit deinem Mann teilen.

Die Höhe des Erziehungsgeldes ist einkommensabhängig und hängt auch davon ab, für welches Erziehungsgeld du dich entscheidest. Es gibt die Budgetregelung, was bedeutet du bekommst ein Jahr lang monatlich 450 €. Dieser Zeitraum wird nicht verlängert.

Dann gibt es noch den Regelbetrag von 300 € monatlich für den Zeitraum von zwei Jahren, wobei der Wiederholungsantrag für das zweite Jahr ab dem neunten Lebensmonat deines Babys gestellt werden kann.

Du musst bereits beim Erstantrag entscheiden, welches Erziehungsgeld du in Anspruch nehmen willst. Ein Wechsel ist dann nicht mehr möglich.

Wie alle schönen Dinge hat auch das Erziehungsgeld einen gewaltigen Haken namens Einkommensabhängigkeit, damit ist das Jahresnettoeinkommen deiner Familie gemeint. Im ersten Jahr musst du das Einkommen aus dem Jahr vor der Geburt deines Babys angeben, beim Wiederholungsantrag das Einkommen aus dem Jahr der Geburt deines Sprösslings.

Die Grenzen des Nettoeinkommens für die ersten 6 Lebensmonate deines Kindes betragen bei Verheirateten oder eheähnlich lebenden Paaren 30.000 € und bei Alleinerziehenden 23.000 €.

Die folgenden Lebensmonate verringert sich die Nettoeinkommensgrenze bei Verheirateten und eheähnlichen Gemeinschaften auf 16.500 € und bei Alleinerziehenden auf 13.500 €. Pro Kind erhöhen sich diese Grenzen um 3.140 €.

Für das Budgeterziehungsgeld gelten andere Einkommensgrenzen, bei Paaren 22.086 € und bei Alleinstehenden 19.086 €.

Ist dein Jahreseinkommen höher, so verringert sich das Erziehungsgeld anteilmäßig.

Dein Anspruch auf Erziehungsgeld wird aus sämtlichen Einkünften eines Jahres und den Pauschalabzügen berechnet. Hast du vor der Geburt deines Kindes gearbeitet und nimmst dann die Elternzeit, so wird dein Lohn nicht miteinbezogen in die Berechnung. Angerechnet wird beim Erstantrag auch eine eventuelle Zahlung von Mutterschaftsgeld, dieses wird direkt auf das Erziehungsgeld angerechnet.

Das Gesetz für Erziehungsgeld wurde am 01.01.2007 durch das Elterngeldgesetz abgelöst. Das Erziehungsgeldgesetz gilt nur noch für Kinder die bis zum 31. 12. 2006 geboren wurden und somit hat es eine parallele Geltung bis zum 31. 12. 2008.

Hauptantrag – Bundeserziehungsgeld

Die Schwierigkeit besteht hier darin, dass die Anträge von Bundesland zu Bundesland unterschiedlich sein können. Wir haben verglichen und festgestellt, dass die Unterschiede minimal sind.

Als Vorlage für die nachfolgenden Ausfüllhinweise hatten wir den Bundeserziehungsgeldantrag vom Niedersächsischen Ministerium für Soziales, Frauen, Familie und Gesundheit gewählt, da dieser die meisten gemeinsamen Punkte und nur unwesentliche Unterschiede mit anderen Anträgen hatte.

Das wichtigste ist erst einmal, dass du dich entschieden hast, ob du die Budgetregelung oder den Regelbetrag haben möchtest.

Bei der Budgetregelung kreuzt du oben links „Budget-Antrag" an, sonst den Erstantrag (bei dem Zweitantrag beachte das darunter liegende Feld, wo nachgefragt wird, ob und wo bereits ein Erstantrag gestellt wurde).

Abschnitt 1: In diesem Abschnitt müssen alle persönlichen Daten des Antragstellers eingetragen werden. Antragsteller ist immer der, der überwiegend das Kind in dem Zeitraum betreut, für den der Antrag gestellt wird. Achtung! Hier fällt der Begriff „eheähnliche Gemeinschaft". Die Erläuterung dazu vgl. auch ALG II.

Abschnitt 2: Jetzt musst du deine persönlichen Daten (Name, Vorname, Geburtsdatum, frühere Namen, Staatsangehörigkeit, ausgeübter Beruf deines Partners oder des leiblichen Vaters) angeben. Sollte dein Partner nicht der leibliche Vater sein, dann trage nur den leiblichen Vater ein.

Abschnitt 3: Hier wird nach dem Kind, für das Bundeserziehungsgeld beantragt wird, gefragt. Details wie Vorname, eventuell Nachname (falls dieser anders lautet als deiner), Geburtsdatum (bei Mehrlingen hast du die unterste Zeile auf dieser Seite, um auch jedes weitere Kind einzutragen).
Natürlich lebt das Kind in deinem Haushalt und du willst es vorwiegend betreuen und erziehen (das sind die Grundlagen für die Zahlung von Bundeserziehungsgeld), also kreuze „ja" an.

Abschnitt 4: Wenn du bisher nicht wusstest, wie viele Arten von Kindschaftsverhältnissen es gibt, in diesem Abschnitt lernst du sie kennen. Bei den meisten wird es das erste Feld sein, das angekreuzt werden muss.
Besonderheit seit 2004: auch der leibliche Vater kann diesen Antrag stellen, wenn er mit der Mutter nicht verheiratet ist und das Sorgerecht bei der Mutter liegt. Dazu ist das schriftliche Einverständnis der Mutter nötig.

Weiter kann für:

- ► Adoptivkinder
- ► Kinder, mit dem Ziel der Adoption in Obhut genommen
- ► Stiefkinder, die in den Haushalt aufgenommen wurden
- ► Nicht leibliches Kind wie Enkelkinder, bei denen dir das Gericht die Personensorge übertragen hat

Erziehungsgeld beantragt werden.

Abschnitt 5: Hast du mehrere Kinder, für die du Kindergeld erhältst, dann trage diese hier ein. Reicht der Platz nicht aus, so zeichne die Tabelle ab auf ein gesondertes Blatt und führe da die restlichen Kinder auf. Als Beleg reicht hier ein aktueller Kontoauszug mit der Kindergeldzahlung.

Abschnitt 6: Bist du für deinen Arbeitgeber im Ausland tätig, z.b. als Konsulatsangestellter im diplomatischen Dienst oder arbeitest du beispielsweise für eine im Ausland ansässige Firma hier in Deutschland, dann musst du das in diesem Abschnitt angeben und einen Nachweis beifügen.

Abschnitt 7: Was du hier einträgst, ist für die gesamte Bezugsdauer verbindlich. Denn hier musst du deine zuvor getroffene Entscheidung bekräftigen. Es geht um die Beantragung von dem Budgeterziehungsgeld oder die Beantragung des Regelerziehungsgeldes für das erste oder zweite Lebensjahr. Du kannst es auch nur für eine bestimmte Zeit beantragen, falls du danach wieder arbeiten gehen musst.

Abschnitt 8: Wie du weißt, kannst du dich mit deinem Partner bei der Kinderbetreuung abwechseln. Ihr müsst euch vorher über die Zeiten klar sein und dieses hier eintragen. Denn auch diese Entscheidung ist verbindlich.

Abschnitt 9: In diesem Abschnitt geht es um die Elternzeit. Die Elternzeit ist eigentlich nichts anderes als der frühere Erziehungsurlaub. Hier musst du eintragen, ob du in einem Arbeitsverhältnis gestanden hast, bevor du in die Mutterschutzfrist gegangen bist und ob und für welchen Zeitraum du die Elternzeit beantragt hast. Weiterhin musst du angeben, ob du gering beschäftigt bist und bleibst bzw. ob du dir mit deinem Partner die Erziehungszeit aufteilst (Zeitraumangabe nicht vergessen). Diese Angaben sind verbindlich, deshalb alles gut durchplanen.

Abschnitt 10: Du kannst während der Bezugsdauer von Bundeserziehungsgeld einer Erwerbstätigkeit von bis zu 30 Wochenstunden nachgehen. Ebenso sind eine Berufausbildung oder Fortbildung sowie ein Studium oder eine Schulausbildung zulässig. Solltest du so etwas vorhaben, dann musst du die „Arbeitzeitbestätigung" von deinem Arbeitgeber ausfüllen lassen oder eine Schul- bzw. Studienbescheinigung vorlegen.

Abschnitt 11: Hier geht es um deine Einkommens-verhältnisse im vorherigen Kalenderjahr. Bist du nach der Geburt des Kindes nicht erwerbstätig, dann werden deine Einkünfte nicht mit angerechnet. In diesem Fall sind die Einkünfte deines Partners maßgeblich. Dazu fülle das Formblatt „Erklärung zum Einkommen" bitte aus.

Tipp: Bist du allein stehend, dann suche schnellstens die für dich zuständige Arbeitsgemeinschaft bzw. Agentur für Arbeit auf und beantrage ALG II für dich und dein Kind.

Abschnitt 12: Du musst in diesem Abschnitt deine Krankenversicherung angeben. Alle wichtigen Daten befinden sich auf deiner Chipkarte. Im Zweifel rufe deine Krankenkasse an, hier wird man dir weiterhelfen. Das ist wichtig, denn deine Krankenversicherung meldet deine Elternzeit an deinen Rentenversicherer weiter, nur so bekommst du diese Zeiten auf deinen Rentenanspruch angerechnet.

Abschnitt 13: Diese Angaben sind nur beim Erstantrag bzw. bei der Budgetregelung nötig. Mutterschaftsgeld und ähnliche Leistungen werden auf deinen Erziehungs-geldanspruch angerechnet.

Mutterschaftsgeld erhältst du, wenn du vorher in einem Arbeitsverhältnis gestanden hast. Es wird zum Teil durch die Krankenkasse und zum Teil durch deinen Arbeitgeber für 6 Wochen vor und 8 Wochen nach der Geburt gezahlt.
Kreuze an, was für dich zutrifft und vergiss nicht, die Bescheinigung beizulegen.

Abschnitt 14: Hast du Entgeltersatzleistungen beantragt oder beziehst diese nach der Geburt deines Kindes und betreust dein Kind selbst, dann musst du es hier eintragen. Entgeltersatzleistungen können folgende sein:

- ► ALG I
- ► Teilarbeitslosengeld
- ► Krankengeld
- ► Arbeitslosenbeihilfe
- ► Insolvenzgeld
- ► Verletztengeld
- ► Anschlussunterhaltsgeld
- ► Übergangsgeld
- ► Kurzarbeitergeld
- ► Wintergeld
- ► Versorgungskrankengeld.

Füge den entsprechend Bescheid mit bei oder gib Zeitpunkt und Ort der Beantragung an.

Abschnitt 15: Um das Erziehungsgeld zu erhalten musst du ein Konto besitzen. Deine Bankverbindung gibst Du hier an.

Dann versicherst du die Richtigkeit deiner Angaben (und dass du für die Zahlung von Erziehungsgeld wichtige Information umgehend weitermeldest) mit deiner Unterschrift. Wenn du einen Partner hast, muss dieser mit unterschreiben und versichert damit, dass er mit allen getroffenen Regelungen und Angaben einverstanden ist.

Eine Checkliste befindet sich genau unter den Zeilen für deine Unterschrift und ist vollständig.

Arbeitszeitbescheinigung

Diese musst du nur bei deinem Arbeitgeber abgeben, wenn du während der Elternzeit wöchentlich 30 Stunden arbeitest. Füge sie dann dem Antrag bei.

Erklärung zur Erwerbstätigkeit

Hast du selbständig oder als helfendes Familienmitglied gearbeitet, dann musst du diese Art Selbstauskunft ausfüllen.

In der oberen Zeile trägst du deinen Namen und Vornamen ein.

Dann musst du dazu Stellung nehmen, ob du diese Tätigkeit während der Elternzeit nicht mehr ausübst oder innerhalb der erlaubten 30 Wochenstunden arbeitest. Solltest du die letzte Möglichkeit wahrnehmen, wird um die Angabe der Unterbringung deines Kindes während dieser Zeiten gebeten.

Danach musst du nur noch deine bisherige Tätigkeit angeben und schon kannst du unterschreiben und bist mit diesem Formblatt fertig.

Erklärung zum Einkommen

Diese Erklärung musst du bei jedem Antrag ausgefüllt beilegen. Dabei werden immer die Einkünfte des vergangenen Kalenderjahres angefordert.

In der oberen Hälfte der ersten Seite trägst du das betreffende Kalenderjahr, den jeweiligen Antrag, die Daten des Kindes und des Antragsstellers ein.

Abschnitt 1: Steuerfreie Einkünfte sind Sozialhilfe, Arbeitslosengeld, Teilarbeitslosengeld, Krankengeld, Arbeitslosenbeihilfe, Insolvenzgeld, Verletztengeld, Anschlussunterhaltsgeld, Übergangsgeld, Kurzarbeitergeld, Wintergeld, Winterausfallgeld, Versorgungskrankengeld und andere Entgeltleistungen. Diese Angaben musst du einmal für dich und wenn du einen Partner hast, auch für diesen angeben. Dazu gehört eine Kopie des jeweiligen Bescheides.

Abschnitt 2: Jetzt wird nach deinen zu versteuernden Einnahmen gefragt.

Abschnitt 2.1: Kapitalerträge also Zinsen bei über 1.370 € für eine Person und bei einem Paar über 3.740 € müssen belegt werden. Davon kannst du entweder pauschale Werbungskosten in Höhe von je 51 € pro Person geltend machen oder du machst höhere Werbungskosten geltend, die du aber auch beweisen musst.

Abschnitt 2.2: Hier wird nach deinen Einkünften (Gehalt, Lohn, Tantiemen) aus nichtselbständiger Arbeit einschließlich Sonderzuwendungen wie Weihnachtsgeld oder Urlaubsgeld gefragt.

Hinweis: bei der antragstellenden Person werden nur die Einkünfte berücksichtigt, die auch im Bezugszeitraum erzielt werden.

Bitte gib an, wer welche Jahresbeiträge (brutto) erzielt hat. Dazu reichen die Vorlage der Lohnsteuerkarte in Kopie, der Steuerbescheid und die Verdienstbescheinigung.

Nun wird nach den abzugsfähigen Werbungskosten gefragt. Am einfachsten du nimmst den Werbungspauschbetrag von 920 € je Arbeitnehmer. Hast du mehr Aufwendungen für deine Arbeit, so musst du diese einzeln aufführen und nachweisen, wie z.B.

► die gefahrenen km zur Arbeit
► Beiträge zu Berufsverbänden
► Arbeitsmittel
► Berufsbekleidung
► Kontoführungsgebühren
► Mehraufwendungen für Verpflegung
► doppelte Haushaltsführung

Abschnitt 2.2.1: erhältst du oder dein Partner Versorgungsbezüge, Übergangsgebührnisse, Pensionsbezüge oder vergleichbare Leistungen so trage diese hier ein und lege den entsprechenden Bescheid in Kopie bei

Abschnitt 2.3: Hier trägst du Einnahmen aus selbständiger Tätigkeit ein. Um diese zu belegen, fügst du den entsprechenden Einkommensteuerbescheid bei. Sollte noch keiner ergangen sein, dann reicht eine Bilanz oder die Gewinn- Verlustrechnung oder lass dir von deinem Steuerberater (Lohnsteuer-hilfeverein) eine entsprechende Einschätzung geben.

Abschnitt 2.4 bis 2.6: vgl. Abschnitt 2.3, hier werden eventuelle Einnahmen aus einem Gewerbebetrieb, Land- und Forstwirtschaft bzw. aus Vermietung oder Verpachtung erfragt und sollten ebenso wie unter 2.3 nachgewiesen werden.

Abschnitt 2.7: Sonstige Einkünfte im Sinne des § 22 EStG können Spekulationsgewinne, Unterhalt, Leibrenten, Altersrente, Erwerbunfähigkeitsrente usw. sein. Führe die Art und die jährliche Bruttoeinnahmen auf. Du kannst den Pauschbetrag von 102 € pro Person, die diese Rente erhält geltend machen oder du kämpfst dich durch die höheren Werbungskosten vgl. Abschnitt 2.2.

Abschnitt 2.8: es geht in diesem Abschnitt um ausländische Einkünfte, die du in der jeweiligen Landeswährung angeben musst. Dabei ist aufgegliedert, um welche Art von Einnahmen es sich dabei handeln kann. Als Nachweis reicht der Steuerbescheid der Finanzverwaltung des Heimatlandes bzw. eine Verdienstbescheinigung des Arbeitgebers in beglaubigter Übersetzung (kann in jedem Konsulat beglaubigt werden oder du lässt dir die Bescheinigung gleich in Deutsch ausstellen).

Tipp: Verweise doch einfach auf die vielfältigen Möglichkeiten des Internets zum Übersetzen. Dort werden kostenfrei ganze Seiten übersetzt. So mancher Arbeitgeber wird das sehr positiv vermerken.

Abschnitt 2.9:   Bezüge von Bediensteten der EU beispielsweise unterliegen keiner staatlichen Besteuerung. Hast du solche Einnahmen, dann führe diese hier auf und weise sie entsprechend nach.

Abschnitt 3:   nun wird es interessant, denn du sollst abzugsfähige Beträge angeben. Gegliedert ist das Ganze in drei Bereiche:

- ▶ Steuern und Sozialversicherungsbeiträge
- ▶ Unterhaltsleistungen
- ▶ Pauschbeträge für Behinderte.

Abschnitt 3.1: Dir werden 24% als Pauschale für Steuern und Sozialversicherungsbeiträge deiner Bruttoeinnahmen abgerechnet. Bist du beispielsweise Beamter, Berufssoldat, Vorstandsmitglied einer AG, Bezieher von Witwengeld, dann wird dir eine Pauschale von 19% deiner positiven Einkünfte abgezogen.

Abschnitt 3.2: Unterhaltsleistungen, die du oder dein Partner im vergangenen Kalenderjahr gezahlt haben, werden als Belastungen verrechnet. Dabei wird unterschieden in Ehegatten-, Kindesunterhalt und Unterhalt für sonstige Personen (z.B. Eltern). Dabei musst du auf einem gesonderten Blatt angeben, um wen es sich handelt, das Verwandtschaftsverhältnis, das Alter, seit wann und in welcher Höhe die Leistung erbracht wird und das maßgebliche Kalenderjahr. Das belegst du mit Kopien der der Überweisungen bzw. mit dem Unterhaltsurteil.

Abschnitt 3.3: Weiterhin werden Pauschbeträge für behinderte Personen in deinem Haushalt abgezogen. Dazu musst du den Schwerbehindertenausweis in Kopie vorlegen. Du trägst den Namen und Vornamen des Behinderten ein sowie den Grad der Behinderung.

Das unterschreibst du (und dein Partner) und versicherst damit den Wahrheitsgehalt deiner Angaben. Dann hast du es geschafft.

Tipp: Manche Bundesländer wie Bayern und Sachsen bieten für die Erziehung bis zum vollendeten 3. Lebensjahr ein Landeserziehungsgeld an. Am besten du erkundigst dich bei deinem Sachbearbeiter ob das in deinem Bundesland auch zutrifft. Den Antrag auf Landeserziehungsgeld erhältst du bei deinem Sachbearbeiter für das Bundeserziehungsgeld.

Tipp: Auch Vollzeit-Pflegeeltern haben seit 2004 Anspruch auf Elternzeit.

Tipp: der Bundeserziehungsgeldrechner auf http://www.zbfs.bayern.de/erziehungsgeld/erz-rechner.html ist sehr zu empfehlen, ebenso auf http://www.global-help.de/php/rechner/erziehungsgeld/index.php, wo du gleichzeitig die Berechnung einsehen kannst.

Elterngeld

Das Elterngeld löst ab 01.01. 2007 das Erziehungsgeld ab. Die anfängliche Begeisterung darüber weicht allmählich einer erkenntnisreichen Ernüchterung.

Seit Jahren schon wurde das Erziehungsgeld stufenweise beschnitten und nun haben Eltern mit geringem oder keinem Einkommen durch das Elterngeld nur noch für ein Jahr den staatlichen Zuschuss in derselben Höhe von 300 Euro wie früher beim Erziehungsgeld. Betrachtet man es genau, geht es hier um ein Minus von mindestens 3600 Euro bei nicht verdienenden Eltern.

Also wieder eine Politik, die vollkommen an den Bedürfnissen von einkommensschwachen Familien vorbei geht und nur einem geringen Prozentsatz der Eltern entgegen kommt.

Bist du aber seit dem 01. 01. 2007 stolzer Elternteil geworden, kommt für dich Elterngeld in Betracht und das werden wir dir wieder hier in bewährter Methode erläutern und dich auf den Formularkrieg vorbereiten.

Das Elterngeld kannst du bis zu **drei Monaten rückwirkend beantragen.**

Anspruchsberechtigt

Elterngeld ist eine Leistung (Familienleistung) für alle Eltern, die in den ersten 14 Lebensmonaten ihres Kindes vorrangig selbst der Betreuung des Kindes übernehmen und darum nicht voll erwerbstätig sind.

Die Möglichkeit einer Teilzeitarbeit bis zu 30 Stunden wöchentlich ist unbelassen.

Anspruch auf Elterngeld haben **Erwerbstätige, Beamte, Selbstständige, erwerbslose Elternteile, Studierende, Auszubildende und Adoptiveltern.**

Unter bestimmten Voraussetzungen haben auch **Verwandte 3. Grades** einen Anspruch auf Elterngeld, wenn die Eltern die Betreuung beispielsweise aufgrund schwerer Krankheit nicht sicherstellen können.

Weiter hast du Anspruch auf Elterngeld, wenn du **deinen Wohnsitz oder gewöhnlichen Aufenthalt in Deutschland hast.**

Tipp: Auch „Grenzgänger" haben Anspruch auf Elterngeld, wenn sie in Deutschland arbeiten, genauso wie Deutsche in den Staaten der EU Anspruch auf die dortigen Sozialleistungen haben, wenn sie da arbeiten.

Tipp: Nach solchen Sozialleistungen kannst du dich unter 0800- 67891011 in allen 25 Staaten der EU erkundigen.

Als Ausländer mit einer Aufenthaltserlaubnis und dem Recht einer Erwerbstätigkeit für eine Höchstdauer nachzugehen, hast du **kein Recht** auf Elterngeld. Erst nach einer Zeit von 3 Jahren in Deutschland und wenn du in dieser Zeit hier auch gearbeitet hast, hast du einen Anspruch auf Elterngeld.

Weiter haben folgende Personen einen Anspruch auf Elterngeld:

1. **Auch im Ausland aktive Antragsteller** können einen Anspruch auf das Elterngeld haben. Zu den Berechtigten zählen im Einzelnen:

- Beschäftigte, die im Rahmen eines in Deutschland bestehenden Beschäftigungsverhältnisses zeitlich begrenzt ins Ausland entsandt wurden.
- Selbständige, die sich zeitlich begrenzt nicht in Deutschland aufhalten.
- Entwicklungshelfer im Sinne des §1 Entwicklungshelfergesetz.
- Missionare, deren Missionswerke oder - gesellschaften Mitglied oder Vereinbarungspartner des des Evangelischen Missionswerkes Hamburg, der Arbeitsgemeinschaft Evangelikaler

Missionen e.V., des Deutschen katholischen Missionsrates oder der Arbeitsgemeinschaft pfingstlich-charismatischer Missionen sind.

- Deutsche Staatbürger, die vorübergehend bei einer zwischen- oder überstaatlichen Einrichtung tätig sind.
- Beamte, die vorübergehend eine nach §123a Beamtenrechtsrahmengesetz zugewiesene Tätigkeit im Ausland wahrnehmen.

2. Anspruch hast du weiterhin, wenn du mit deinem **Kind in einem Haushalt lebst**. Es kommt also darauf an, wo dein Kind gemeldet ist. Dabei hat ein Stiefvater oder-mutter auch Anspruch auf Elterngeld. Hast du die Absicht ein Kind zu adoptieren, so hast du schon im Vorfeld Anspruch auf Elterngeld, wenn das Kind bei dir im Haushalt lebt.

3. Anspruch hast du ebenfalls, wenn du das Kind **selbst betreust**.

4. Anspruch auf Elterngeld erhältst du, wenn du **keine volle Erwerbstätigkeit** ausübst. Dabei sind maximal 30 bis 15 Stunden wöchentlich nicht zu überschreiten. Diese Regelung ist von Bundesland zu Bundesland unterschiedlich.

Wer alle 4 Vorraussetzungen erfüllt, kann sicher sein, dass er Elterngeld bekommt, zumal dieses nicht mehr Einkommensabhängig ist.

Tipp: Elterngeld in der Mindesthöhe ist keine Leistung, die als Einkommen gilt. Das heißt also, erhältst du Elterngeld von 300 Euro, brauchst du dies nirgendwo als Einkommen angeben. Aber der Bescheid ist wichtig, damit unter anderem die ArGe weiß, dass du nicht vermittlungsfähig bist für mindestens ein Jahr bzw. dass du durchaus Anspruch durch das Elterngeld auf Leistungen von Hartz IV haben kannst. Alles was über die Mindesthöhe darüber hinausgeht, wird als Einkommen angerechnet.

Eine **Ausnahme** gibt es noch: hast du die Verlängerungsoption gewählt, dann hast du zusätzlich zu dem Sockelbetrag von 300 Euro einen Betrag von 150 Euro, der nicht als Einkommen mit angerechnet werden darf, also insgesamt 450 Euro.

Höhe des Elterngeldes

Und jetzt wird es interessant für dich, denn nur unter bestimmten Vorraussetzungen hast du Anspruch auf ein höheres Elterngeld als den Mindestbetrag.

Das mögliche Elterngeld wird in **8 Schritten** errechnet. Elterngeld- Berechnung in 8 Schritten:

1. Schritt: Ermittlung der relevanten Kalendermonate
2. Schritt: Berechnung des für das Elterngeld relevanten Einkommens
3. Schritt: Prüfung des Sockelbetrags und der Kappungsgrenze
4. Schritt: Anwendung der Geringverdienerkomponente
5. Schritt: Ermittlung des Geschwisterbonusses
6. Schritt: Berücksichtigung der Erwerbstätigkeit nach der Geburt
7. Schritt: Ermittlung des Bonusses bei Mehrlingsgeburten
8. Schritt: Anrechnung anderer Leistungen

Ist dir das zu aufwendig, dann nimm dir den Elterngeldrechner auf
http://www.elterngeld.net/elterngeld-rechner.html

Ermittlung der relevanten Kalendermonate

gemeint sind damit die **letzten 12 erwerbstätigen Monate vor dem Geburtsmonat des Kindes**.

Zu diesen Punkt und den folgenden haben wir ein Beispiel vorbereitet, das uns die weiteren Kapitel begleiten wird und dir alles etwas näher bringen wird.

Katja bekommt am 07. 01. 2007 ihr erstes Kind. Für das Kind bekommt sie vom 07.01. 2007 bis zum 06. 01. 2008 Elterngeld.
Für dieses Kind werden die letzten 12 Kalendermonate ihrer Erwerbstätigkeit zur Berechnung herangezogen. Also vom 01. 02. 2006 bis zum 01.01. 2007.

Dabei gibt es **drei Ausnahmen**, denn nicht immer sind die letzten 12 Monate zur Errechnung des Einkommens geeignet:

- **Bezug von Elterngeld für ein älteres Geschwisterkind**: Das Elterngeld ersetzt im Normalfall 67% des Einkommens. Hast du aber bereits für ein Kind Erziehungsgeld oder Elterngeld in dem relevanten Zeitraum bezogen, würde das Einkommen ja automatisch schon gemindert werden. Also hat der Gesetzgeber sich diese Ausnahme einfallen lassen. Dabei geht er von den Monaten des neuen Bezugs des Elterngeldes aus. Bei der Berechnung entfällt also der vorherige Bezugszeitraum und wird durch die tatsächlich letzten 12 Monate des Erwerbszeitraum ersetzt.

Sehen wir uns das mal in unserem Beispiel an.

Katja hat ihr Baby am 07.01. 2007 bekommen. Zum 06. 01. 2008 läuft ihr Elterngeld und sie nimmt ab dem 07.01.2008 ihre Arbeit wieder auf. Ihr zweites Kind wird am 14. 08. 2008 geboren. Dann sieht die

Berechnung der relevanten Kalendermonate so aus:
Es wird der Zeitraum von Februar 2008 bis zum Juli 2008 herangezogen. Das sind aber nur 6 Monate. Um die 12 Monate zusammen zu bekommen, wird nun das Einkommen in den letzten 6 Monaten vor der Geburt des ersten Kindes heran gezogen. Also Juni 2006 bis Dezember 2006.

- **Bezug von Mutterschaftsgeld vor der Geburt**: Mutterschaftsgeld stellt eine Lohnersatzleistung dar und mindert dadurch das Einkommen. Also werden die Monate des Mutterschaftsgeldeinkommens wieder herausgerechnet und dafür 12 tatsächliche Monate der Erwerbstätigkeit als Grundlage des Elterngeldbezugs heran gezogen. Der Beginn des Berechnungszeitraums wird also dementsprechend zurück verlagert.

Schauen wir uns das mal in unserem Beispiel an.

Katja hat bei ihrem zweiten Kind Mutterschaftsgeld bezogen, damit entfällt der Juli 2008 bei der Berücksichtigung der 12 erwerbsfähigen Monate. Dafür wird ein Monat mehr aus der Erwerbstätigkeit vor der Geburt des ersten Kindes mit berechnet. Also fallen nur 5 Monate nach dem ersten Kind in Betracht und 7 Monate vor der Geburt des ersten Kindes.

- Geringeres Einkommen durch eine schwangerschaftsbedingte Erkrankung:

durch eine Schwangerschaft erhöht sich das Risiko zu erkranken, deshalb werden Zeiten solcher Erkrankung ebenfalls ausgeklammert.

In unserem Beispiel lassen wir doch mal Katja an Schwangerschaftsdiabetes im vorletzten Schwangerschaftsmonat ihres zweiten Babys erkranken. Folge: sie wird krank geschrieben für den ganzen Juni 2008. Dieser Monat entfällt der Berechnung und dafür wird ein Monat aus dem Jahr 2006 mehr zu der Berechnung dazu gerechnet.

Tipp: Es lohnt sich also auch alte Gehaltsbescheinigungen aufzuheben, oder bei Selbständigen alte Einnahme- Überschuss- Abrechnungen abzuheften.

Tipp: Hast du diese Gehaltsabrechnungen nicht mehr, so fordere sie bei deinem Arbeitgeber an. Er ist verpflichtet, sie dir auszustellen.

Tipp: Selbständige können in eigner Verantwortung entscheiden, ob solche Ausnahmen herausgerechnet werden sollen aus der Gewinnermittlung.

Tipp: Aber aufgepasst! Verlängert sich der Bezugszeitraum für ein älteres Kind von 12 Monate auf 14 Monate, so werden diese zwei Monate mehr, bei der Berechnung des Bezugszeitraums für ein weiteres Kind mit herangezogen.

Berechnung des für Elterngeld relevanten Einkommens

Das Einkommen, welches zur Berechnung herangezogen wird setzt sich aus nichtsselbständiger Arbeit (also wenn du angestellt bist) und Einkünften aus Selbständigkeit, Gewerbe, Forst- und Landwirtschaft. Wir teilen dies in zwei Abschnitte und erklären dir genau, was alles in welches Einkommen hineinzählt. Beginnen werden wir mit dem Fall, der am meisten vertreten sein dürfte, das Einkommen aus einem Angestelltenverhältnis.

Einkommen aus nichtselbständiger Arbeit

Hier zählen alle Einkünfte hinein, die aus einem Angestelltenverhältnis stammen.
Dabei wird von **12 Monaten das komplette Einkommen minus dem Weihnachtsgeld und Urlaubsgeld das bereinigte Bruttoeinkommen** gebildet. Das wird wiederum wird durch 12 Monate geteilt.

Davon werden nun **Lohnsteuer, Kirchensteuer, Solidaritätszuschlag sowie Pflichtbeiträge zur Sozialversicherung, Werbekosten** (ein Zwölftel der Werbekostenpauschale) und **Beiträge zur Arbeitsförderung** (damit sind die Beiträge zur Arbeitslosenversicherung und Krankenversicherung gemeint) abgezogen. Von dem so ermittelten Nettoeinkommen werden nun **67% als Leistung** an dich ausgezahlt.

In unserem Beispiel sieht das dann so aus:
Katja ist angestellt als Verkäuferin und vor der
Geburt ihres ersten Kindes hatte sie folgendes
Einkommen, was zur Berechnung herangezogen
wird. (Dabei nehmen wir die Ausnahmeregelungen
aus dem vorigen Kapitel mit zu Hilfe.)
Geburt erstes Kind: 07.01.2007
Bruttoeinkommen:

Dezember 2006	1.900 Euro Verdienst + 500 Euro Weihnachtsgeld
Januar 2006	1.900 Euro Verdienst
Februar 2006	1.900 Euro Verdienst
März 2006	1.900 Euro Verdienst
April 2006	1.900 Euro Verdienst
Mai 2006	1.900 Euro Verdienst
Juni 2006	1.900 Euro Verdienst
Juli 2006	1.900 Euro Verdienst +200 Euro Urlaubsgeld
August 2006	1.900 Euro Verdienst
September 2006	1.900 Euro Verdienst
Oktober 2006	1.900 Euro Verdienst
November 2006	1.900 Euro Verdienst
Dezember 2006	entfällt wegen Mutterschaftsgeld
Januar 2007	entfällt wegen Geburt

Summe: 22.800 Euro ohne Weihnachts- und
Urlaubsgeld als bereinigtes Bruttoeinkommen
Diese Summe wird nun durch 12 geteilt:
22.800 : 12= 1.900 Euro

Von diesem Betrag, 1.900 Euro, werden nun die
alle anfallenden Steuern wie Werbekosten
abgezogen.

1.900 Euro – 300 Euro Lohnsteuer = 1.600 Euro
1.600 Euro - 24 Euro Kirchensteuer = 1.576 Euro
1.576 Euro - 13 Euro Solidaritätszuschlag= 1.563
Euro
1.563 Euro - 140 Euro Arbeitsförderung= 1.423
Euro
1.423 Euro - 200 Euro Sozialversicherung = 1.223
Euro

hiervon werden die Werbekostenpauschale von
monatlich 76, 67 Euro abgezogen.

1.223 Euro – 76,67 Euro Werbekostenpauschale =
1.146,33 Euro
von diesem Nettoeinkommen wird nun mit 67 % der
zu zahlende Leistungsbetrag gebildet:

 von 1.146,33 Euro 67% = 768,04 Euro

768,04 ist der monatliche Leistungsbetrag

Tipp: die Mindesthöhe beträgt 300 Euro und die
maximale Auszahlungshöhe pro Monat 1.800 Euro.
Also selbst wenn du 5000 Euro verdienst, du
bekommst nur 1.800 Euro ausgezahlt.

Tipp: höhere Werbekosten musst du nachweisen,
aber dann werden sie auch mit berücksichtigt.

Einkommen aus selbständiger Arbeit, Gewerbe, Forst- und Landwirtschaft

Hier musst du deinen Gewinn aus deinem Gewerbe nachweisen, anhand mindestens einer Einnahme-Ausgaben- Überschussrechnung, Bilanz oder ähnlichem. Abgezogen werden Steuern, Pflichtbeiträge zur Sozialversicherung und Arbeitsförderung.

Sehen wir uns das mal in unserem Beispiel an. Katja ist selbständig und hat in der Zeit (12 Monate) vor der Geburt ihres ersten Kindes einen Gewinn laut Einnahme-Ausgaben- Überschussrechnung von 56.000 Euro erwirtschaftet. Dieser Betrag wird durch 12 Monate geteilt.

56.000 Euro Gewinn : 12 Monate = 4.666,66 Euro
Davon ziehen wir nun monatlich 1.200 Euro Steuern ab.
4.666,66 Euro – 1.200 Euro Steuern = 3.466,66 Euro
3.466,66 Euro – 340 Euro Sozialversicherung = 3.126,66 Euro
3.126,66 Euro – 120 Euro Arbeitsförderung = 3.006,66 Euro
von 3.006,66 Euro 67% = 2.014,46 Euro Leistungsbetrag,

da aber die Höchstgrenze für Elterngeld bei 1.800 Euro liegt, würde Katja trotz eines Anspruchs von monatlich 2.014,46 Euro nur 1.800 Euro im Monat erhalten.

Tipp: Aber aufgepasst!! Es geht hier in beiden Fällen nur um das wegfallende Nettoeinkommen. Verdienst du dir noch etwas dazu, wird dir das angerechnet!

Sockelbetrag und Kappungsgrenze

Diese beiden Begriffe haben wir bereits gestreift bei unseren Beispielen.

Der **Sockelbetrag** sind die 300 Euro- Grenze nach unten. Selbst wenn dein Leistungsbetrag geringer als 300 Euro wäre, wird er automatisch auf 300 Euro angehoben.

Die **Kappungsgrenze** ist der höchste Betrag, der ausgezahlt wird, egal wie hoch der Leistungsbetrag wäre. Mehr als monatlich 1.800 Euro gibt es nicht.

Tipp: Interessant dürfte sein, dass bei der Unterhaltsberechnung ein Betrag von 300 Euro, also der Sockelbetrag, nicht angerechnet wird, der bleibt frei. Haben Eltern die Verlängerungsoption gewählt, dann bleibt ein Betrag von 150 Euro anrechnungsfrei.

Geringverdienerkomponente

Hierzu kannst du die einzelnen Erhöhungsschritte unter http://www.elterngeld.net/elterngeld-geringverdiener.html einsehen. Da ist alles sehr übersichtlich dargestellt.

Tipp: Ist das bereinigte Nettoeinkommen geringer als 1.000 Euro, wird die Ersatzrate in kleinen Schritt bis auf 100% erhöht. Dabei gilt, je niedriger das Einkommen war, desto höher der prozentuale Ausgleich. Für je 2 Euro die das Einkommen unter 1.000 Euro lag, erhöht sich die Ersatzrate um 0,1 Prozentpunkte.

Bei unserem Beispiel würde das bedeuten, hätte Katja ein bereinigtes Einkommen von 700 Euro, ergibt sich eine Differenz von 300 Euro zu der Grenze von 1.000 Euro. Damit erhöhen sich die 67% um 15 % auf 82% und der Leistungsbetrag würde 574 Euro betragen.

Tipp: Die Aufnahme einer Teilzeitarbeit ist der Elterngeldstelle umgehend mitzuteilen, da sich das Elterngeld an dem wegfallenden bereinigten Nettoeinkommen orientiert.

Ermittlung des Geschwisterbonus

Mehrlingsgeburten
Hier erhöht sich das Elterngeld um je 300 Euro für das zweite Kind und jedes weitere. Also bedeutet das für dich, wenn du Drillinge hast:
Du bekommst zwar einmal das errechnete Elterngeld und für deine anderen Sprösslinge 2 mal 300 Euro.

Geschwisterkinder
Hast du bereits Kinder, dann gibt es zu dem Elterngeld unter bestimmten Vorraussetzungen noch einen Geschwisterbonus. Dieser kann das

zustehende Elterngeld um 10% erhöhen oder den Mindestsatz von 300 Euro mindestens um 75 Euro im Monat erhöhen.

Die **Vorraussetzungen** sind:

- Mindestens ein weiteres Kind unter 3 Jahren
- Mindestens zwei weitere Kinder unter 6 Jahren
- Mindestens ein behindertes Kind unter 14 Jahren
- Mehrlinge gelten hier als ein Kind

Aber aufgepasst, der Geschwisterbonus entfällt im Folgemonat, wenn die Vorraussetzungen nicht mehr erfüllt werden.

Erwerbstätigkeit während der Elternzeit

Die meisten werden sich während der Elternzeit ausschließlich um das neue Familienmitglied kümmern, doch einige werden weiterarbeiten. Und für diese ist dieser Abschnitt gedacht.

Nimmst du während der Elternzeit eine Tätigkeit auf, so ist das kein Problem, solange du unter den 30 Stunden pro Woche bleibst. Alles, was darüber geht, führt zum Wegfall des Elterngeldes.

Das Einkommen hast du anzugeben. Es wird dann auf das Elterngeld mit angerechnet. Du bekommst dann nur noch die Differenz zwischen dem bereinigten Nettoeinkommen vor und nach der Geburt des Kindes als Elterngeld ausgezahlt.

Hattest du ein Einkommen von 2.000 Euro vor der Geburt und nimmst dann nach vier Monaten wieder eine Tätigkeit auf und verdienst dabei bereinigt 1.500 Euro. Hattest du während der vier Monate ein Elterngeld von 1.340 Euro, so erhältst du jetzt für die Differenz von 500 Euro Elterngeld (67%) in Höhe von 335 Euro.

Ist dein bereinigtes Einkommen, welches du nach der Geburt verdienst, höher als dein Verdienst vor der Geburt, bekommst du kein Elterngeld mehr.

Tipp: Hattest du vor der Geburt einen Geringverdienerstatus und du bekommst nach der Geburt einen Job, der auch nur geringfügig bezahlt ist, greift hier die Sockelbetragregelung und du erhältst weiter das Elterngeld in Höhe von 300 Euro.

Beispiel: Vor der Geburt hattest du ein bereinigtes Einkommen von 400 Euro, nach der Geburt einen Betrag von 300 Euro. Normalerweise würdest du jetzt nur 67% von 100 Euro bekommen, doch jetzt greift der Sockelbetrag für Geringverdiener und du erhältst weiterhin 300 Euro Elterngeld.

Mehrlingsbonus bei Mehrlingsgeburten

Wir sind schon beim Geschwisterbonus darauf eingegangen, in welcher Höhe du bei Mehrlingsgeburten Elterngeld erhältst.

Hier bekommst du normales Elterngeld für das erste Kind, für alle weiteren erhältst du 300 Euro.

Art der Mehrlingsgeburt	Mehrlingsbonus
Zwillinge	300
Drillinge	600
Vierlinge	900
Fünflinge	1200
Sechslinge	1500
Siebenlinge	1800
Achtlinge	2100

Quelle: www.elterngeld.net

Tipp: Der Mehrlingsbonus darf genauso wie der Sockelbetrag nicht auf andere Sozialleistungen angerechnet werden. Beispielsweise dürfen bei einem Hartz IV –Empfänger auf das Arbeitslosengeld 2 der Zwillingsbonus nicht angerechnet werden.

Anrechnung anderer Leistungen

Eine kleine, bürokratische Hürde musste ja der Gesetzgeber noch aus dem Hut zaubern und die nennt sich „anzurechnende Leistungen".

Hast du dich noch kurz vorher gefreut, dass der Monat mit Mutterschaftsgeld aus der Berechnung herausfällt, so holt dich spätestens bei dieser Berechnung die Realität ein. Denn **Mutterschaftsgeld wird voll auf das Elterngeld angerechnet**.

Es gibt **drei Arten von Leistungen**, die angerechnet werden:

- **Mutterschaftsleistungen**
- **Allgemeine Einkommensersatzleistungen**
- **Ausländische Leistungen**

Schauen wir sie uns ganz in Ruhe an.

Mutterschaftsleistungen haben den gleichen Sinn wie Elterngeld, sie sind Ersatzleistungen für den Verdienstausfall durch die Geburt des Kindes und werden darum in vollen Umfang auf das Elterngeld angerechnet.

Tipp: Nicht angerechnet wird das Mutterschaftsgeld für Beschäftigte, die privat versichert oder die über den Partner familienversichert sind. Diese Gruppen bekommen nach § 13 Abs. 2 MuSchG. Und nicht die üblichen 13 Euro von der

Krankenkasse, sondern einen einmaligen Betrag in Höhe von 210 Euro vom Bundesversicherungsamt. Um diese Gruppe im Vergleich zu den "normalen" Mutterschaftsgeldempfängern nicht schlechter zu stellen, wird dieser einmalige Betrag in Höhe von 210 Euro nicht auf das Elterngeld angerechnet.

Tipp: Ein Kind hält sich selten an den errechneten Entbindungstermin. Kommt das Kind zu früh, dann kann die Mutter die Mutterschutzfrist vor der Geburt nicht vollständig nehmen. Seit 2002 werden diese vor der Geburt nicht genommenen Tage an die Mutterschutzfrist nach der Geburt angehängt. Wenn das Kind also beispielsweise etwas eher kommt, geht dir kein Geld verloren. Anteilige Tage oder Wochen im Mutterschutz und Elterngeld werden gegeneinander aufgerechnet und du kannst durchaus noch Elterngeld für diesen Zeitraum erhalten.

Allgemeine Einkommensersatzleistungen sind beispielsweise Lohnersatzleistungen wie Arbeitslosengeld, Renten und Krankengeld. Auch für diese Leistungen gilt, sie werden nur dann auf das Elterngeld angerechnet, wenn sie während der Elternzeit gezahlt werden.

Tipp: Einziger Unterschied zum Mutterschaftsgeld ist hier in der Anrechnungsfreiheit von 300 Euro Elterngeld, diese werden immer herausgerechnet.

Tipp: Bei Mehrlingen erhöht sich der Freibetrag um 300 Euro je Kind.

Anrechnung von Auslandsleistungen, darunter wird verstanden, hast du Anspruch auf vergleichbare Leistungen wie das Elterngeld im Ausland, dann musst du erst einmal diese beantragen. Bis du von dort einen Feststellungsbescheid bekommst, ruht hier dein Anspruch auf Elterngeld. Dann wird die ausländische Leistung vollständig auf das Elterngeld angerechnet.

Tipp: Für Leistungen von Staaten innerhalb der Europäischen Union gilt dies nur in den Fällen, in denen in den einschlägigen europäischen Regelungen nicht gegenteiliges vorgegeben wird. Zu diesen Regelungen gehören insbesondere die EU-Verordnungen Nr. 1408/71 und Nr. 574/72.

Tipp: Wenn du Anspruch auf eine dem Elterngeld vergleichbare Leistung im Ausland hast, dann ist es sinnvoll, dies frühzeitig zu klären. Ist dies nicht möglich, dann sieh zu, dass das Sozialamt oder die ArGe zum Teil in Vorhand treten. Dies kann in Form eines Darlehens geschehen und du trittst einen Teil der dir zustehenden Leistungen an das Amt ab.

Bezugszeitraum

Beide Eltern haben Anspruch auf **zwölf Monate** Elterngeld. Wie diese aufgeteilt werden, bleibt euch als Eltern überlassen, muss aber vorher gut überlegt werden, denn eine Änderung im nach hinein ist nicht mehr möglich.

Darüber hinaus hast du Anspruch auf **zwei weitere Monate**, die so genannten Partnerschaftsmonate. Aber nur wenn für mindestens zwei Monate eine Einkommensreduzierung dadurch erfolgt.

Wenn du allerdings denkst, jetzt werde ich ganz schlau sein und der Vater wird die ersten zwei Monate nehmen und die Mutter die restlichen Monate, damit das Mutterschaftsgeld ja beim Vater nicht angerechnet wird, dann irrst du dich gewaltig. Das Mutterschaftsgeld wird trotzdem angerechnet.

Ihr könnt auch zur gleichen Zeit für zwölf Monate die Elternzeit nehmen. Aber das Elterngeld wird dann anteilig auf euch aufgeteilt.

Tipp: in besonderen **Härtefällen** kann die Aufteilung der Elternbeiträge geändert werden. Dies kann sein:

- Schwere Krankheit, Schwerbehinderung oder Tod eines Elternteils
- Schwere Krankheit, Schwerbehinderung oder Tod des Kindes
- Aufnahme eines Einkommenserwerbs von mehr als 30 Stunden, wenn ansonsten die wirtschaftliche Existenz der Familie in Gefahr wäre

Tipp: kannst du dich mit dem anderen Elternteil nicht einigen, wer wann welchen Monatsbeitrag nimmt, dann schaltet sich das Gesetz § 5 Abs. 2 BEEG ein und wird dadurch geregelt:

- Hat ein Elternteil weniger als die Hälfte der Monatsbeträge beantragt, dann bekommt der andere Elternteil die restlichen Monatsbeträge zugeteilt, auch wenn er eigentlich mehr beantragt hatte.
- Wollen beide Elternteile mehr als die Hälfte der Monatsbeträge haben, dann bekommt jeder die Hälfte zugesprochen.

Tipp: Du hast eine Art Verlängerungsoption durch § 6 BEEG. In dem du die Monatsbeiträge auf Antrag halbieren lässt, kannst du zwei Jahre lang Elterngeld bekommen. Ausgezahlt wird das Elterngeld in jedem Lebensmonat des Kindes, meistens zum Anfang desselben.

Antragstellung

Den Antrag musst du schriftlich bei der Elterngeldstelle einreichen. Rückwirkend kannst du ihn nur für drei Monate stellen.

Hier eine kleine **Checkliste**, was du alles dazu benötigst:

- Geburtsbescheinigung des Kindes*
- Nachweise zum Einkommen vor der Geburt*
- Bescheinigung der Krankenkasse über das Mutterschaftsgeld
- Bescheinigung über den Arbeitgeberzuschuss zum Mutterschaftsgeld
- Bestätigung der beabsichtigten Arbeitszeit während des Elterngeldbezugs

- Eigenerklärung der beabsichtigten Arbeitszeit
- Ausgefüllte Anträge

Die mit * gekennzeichneten Unterlagen müssen in jedem Fall vorgelegt werden. Ob auch die anderen Bescheinigungen und Erklärungen abgegeben werden müssen, hängt von deiner individuellen Situation als Antragsteller ab und wird dir mitgeteilt.

Auf den nächsten Seiten wenden wir uns den Anträgen zu und werden sie dir erläutern. Die Anträge sind in den wichtigsten Punkten bundeseinheitlich und können im Internet für jedes Bundesland herunter geladen werden bei: http://www.elterngeld.net/elterngeldantrag.html

Antrag auf Elterngeld (Hauptantrag)

In der Regel sind sich alle Anträge in den wichtigen Punkten gleich. Wir haben hierzu alle Anträge verglichen, die Abweichungen sind minimal und betreffen meistens nur die Farbe der Anträge- die deutsche Bürokratie kann nicht einmal einheitliche Anträge ausgeben für eine staatliche Leistung.

Auf der ersten Seite werden die persönlichen Daten abgefragt.

1. **Kind für das Elterngeld beantragt wird:** Hier wird nach dem Namen und den Vornamen deines Kindes gefragt, sowie nach Geburtsdatum und –ort.

2. **Persönliche Angaben:** Nun werden deine Daten und die deines Partners abgefragt. Die Formulierung 1.

und 2. Elternteil ist nur für die Frage der Aufteilung der Monatsbeiträge gedacht. Der von euch, der zuerst das Kind betreut, trägt sich als 1. Elternteil ein.

3. **Festlegung des Bezugszeitraums:** Und nun wird es interessant, denn jetzt müsst ihr euch als Paar einig sein.
   Elterngeld beansprucht: Bei allein erziehenden Eltern ist das kein Problem, da wird einfach das Kästchen „ein Elternteil allein" angekreuzt. Wenn dein Partner erst später sich entscheiden will, dann einfach das Kästchen mit „anderer Elternteil entscheidet sich später" ankreuzen.
   Bezugszeiträume bestimmen: Hier trägst du ein, welche Lebensmonate ihr untereinander aufgeteilt habt. Bist du allein und hast das obrige Kästchen dazu angekreuzt, dann trage nur 1. Lebensmonat bis 12. Lebensmonat ein.

4. **Antrag:** Willst du deinen Antrag erst nur anmelden, dann trage dies bei Antragstellung ein, das hat den Vorteil, du hast die Frist gewahrt und dir geht kein Geld verloren. Alle weiteren Angaben kannst du später nachtragen oder die Unterlagen nachreichen, wenn sie dir fehlen.
   Bei **Leistungsart/-höhe** kannst du dich zwischen dem Mindestbetrag von 300 Euro (dann entfällt das Formular zum Einkommen für beide Partner) entscheiden oder dem Elterngeld aus dem Einkommen vor der Geburt. Denke bitte daran, wenn du einen Partner hast, muss auch seine Spalte mit ausgefüllt werden.

5. **Wohnsitz/ gewöhnlicher Aufenthalt/ Staatsangehörigkeit:** Jetzt geht es um eine der Anspruchsvorrausetzungen für das Elterngeld. Näheres findest du im Kapitel „Anspruchsvorrausetzungen".
   Mit Wohnsitz/ gewöhnlicher Aufenthalt ist deine Wohnung gemeint, in der du auch gemeldet bist.

Kurze Besuche werden nicht als Wohnsitz anerkannt. Wenn du im **Ausland arbeitest**, dann trage dies bitte ein (in diesem Fall erhältst du einen Antrag auf Elterngeld auch über das deutsche Konsulat). Bist du im Ausland zwar beschäftigt, aber der Hauptsitz deiner Firma ist in Deutschland (wenn du in einer Zweigstelle im Ausland beschäftigt bist), dann trage dies auch hier ein und vergiss nicht die entsprechende Bescheinigung deines Arbeitgebers beizulegen. **Staatsangehörigkeit** ist bei den meisten Deutsch, aber in den übrigen Fällen benötigst du das Formblatt „Bescheinigungen". Für Ausländisches Arbeitsverhältnis gilt das gleiche. NATO-Truppen/ziviles Gefolge oder Diplomaten können unter bestimmten Vorraussetzungen Elterngeld erhalten, wenn dein Partner Beiträge zur Sozialversicherung abführen oder in einem öffentlich-rechtlichen Dienstverhältnis stehen.

6. **Kindschaftsverhältnis**: Dazu haben wir dir im Kapitel „Anspruchsvorrausetzungen" schon einiges erklärt. Bitte lege die entsprechende Bescheinigung bei. Bei leiblichen Kindern die Geburtsurkunde für soziale Zwecke, bei adoptierten Kindern den Annahmebescheid des Gerichts, bei Adoptionspflege die Bestätigung der vermittelnden Stelle, die Meldebescheinigung, wenn du dein Enkelkind betreust oder bei noch nicht festgestellter Vaterschaft, wenn der Vater in einem Haushalt lebt (nichtsorgeberechtigter Elternteil) eine Bescheinigung des Amtes, dass noch nicht über die Vaterschaftsfeststellung entschieden wurde. Damit kannst du trotzdem das Elterngeld beantragen.

7. **Betreuung und Erziehung im eignen Haushalt**: auch das hatten wir schon besprochen. Hier gibt es einen Unterschied. Wenn zum Beispiel dein Kind ein extremes Frühchen ist, wird es länger im Krankenhaus bleiben müssen, als die üblichen ein- zwei Wochen. Auch dann hast du Anspruch auf Elterngeld. Du

betreust dein Kind nicht zu Hause, aber im Krankenhaus und das ist meist viel zeitintensiver als die häusliche Bertreuung.

8. **Krankenversicherung:** Während der Elternzeit bist du beitragsfrei versichert, wenn du pflichtversichert bist. Von Elterngeldstelle wird automatisch die Krankenkasse benachrichtigt über deine Elternzeit. In einer privaten Versicherung musst du dann nach den Maßgaben der jeweiligen Versicherungsbedingungen einen geringen Betrag zahlen.

9. **Mutterschaftsgeld/ Arbeitgeberzuschuss/ vergleichbare Leistungen:** dazu lies dir ruhig noch einmal den Abschnitt über „Anrechnung anderer Leistungen" durch. Du erhältst auf alle Fälle eine Bescheinigung, auch wenn du die Leistung nicht erhalten hast, und diese musst du in Kopie beilegen.

10. **Einkommen >vor< der Geburt des Kindes:** Auch das hatten wir dir schon im Abschnitt „Berechnung des für das Elterngeld relevanten Einkommens". Du musst diesen Abschnitt nur ausfüllen, wenn du reguläres Elterngeld haben willst. Reicht dir Sockelbetrag, dann kannst du diesen Abschnitt überspringen. Wenn du etwas hier mit ja ankreuzt, dann ist auch automatisch die Anlage „Einkommen" fällig. Unterhaltsleistungen gehören hier und vergleichbare private Leistungen.
Zeitraum >nach< der Geburt: übst du nach der Geburt deines Kindes eine Erwerbstätigkeit während des Leistungsbezugs eine Tätigkeit aus und weißt das, schon jetzt, dann musst du das hier ankreuzen. Dabei geht es auch um Studium oder Ausbildung, welche unter die Härtefälle zählen. Denn niemand kann von dir erwarten, dass du deine Ausbildung aufgibst.

11. **weitere Kinder im Haushalt:** hier geht es um den Geschwisterbonus, ist eines der Kinder behindert,

dann füge eine Kopie des Schwerbehindertenausweises dem Antrag bei. Denke bitte daran, dass Kindergeld als Einkommen ebenfalls zählt.

12. **Auszahlungsvariante:** dabei will man nur von dir wissen, ob du den ganzen Monatsbeitrag in Anspruch nimmst oder nur den halben für die doppelte Laufzeit.

13. **Bankverbindung:** damit du dein Geld auch bekommst, gebe nun deine Bankverbindung an, denn Elterngeld wird nur in Form von Überweisungen ausgezahlt.

Abschließende Erklärung: Jetzt wirst du noch einmal darauf hingewiesen

- dass du jegliche Veränderungen sofort mitzuteilen hast
- du musst deine Erlaubnis geben, eventuelle Nachfragen bei deinem Arbeitgeber zu gestatten,
- dann musst du bestätigen, dass deine Angaben der Wahrheit entsprechen und vollständig sind.
-

Das musst du und dein Partner unterschreiben bzw. bei Minderjährigen der Erziehungs-berechtigte.

Anlage: Erklärung zum Einkommen des 1. Antragstellers

Statt Antragsteller kann hier auch 1. Elternteil stehen. Weiter sind die Anlagen für den 1. und den 2. Elternteil identisch. Du kannst die hier aufgeführten Erklärungen für beide Anlagen zum Einkommen nutzen.

Tipp: Solltest du und dein Partner zusammen die Elternzeit nehmen, dann könnt ihr bei den Anträgen leicht durcheinander kommen. Schreibt mit Bleistift den Namen dessen hin, wer als erster Elternteil und wer als zweiter geführt werden soll und das gleich zusammen mit dem Hauptantrag. Denn die Anlagen sind für beide gleich.

In der Regel geht es ja um das Erfassen des Einkommens der 12 Monate vor der Geburt.

Zuerst trägst den Namen, Vornamen und das Geburtsdatum des Kindes ein.

Dann musst du deine Daten angeben und um welche Einkommensart es sich handelt.

N: steht hier für nichtselbständige Arbeit.
Mutterschaftsgeldbezug: hier vergiss nicht die Bescheinigung der Krankenkasse in Kopie beizulegen.
Einkommensverlust wegen schwangerschaftsbedingter Erkrankung: da möchte das Amt eine Bescheinigung des Arztes
Beschäftigungsverbot nach dem Mutterschutzgesetz: auch hier ist ein Beleg notwendig
Einkommen erzielt aus: kreuze an, was für dich zutrifft und lege die Gehaltsbescheinigungen mit dazu.

Verpflichtung zur Steuervorauszahlung: damit ist die Vorauszahlung von Einkommenssteuer etc. gemeint, und auch dafür musst den Nachweis vom Finanzamt vorweisen.

G: hast **du ein Gewerbe, bist selbständig oder hast eine Forst- bzw. Landwirtschaft**, dann musst du diesen Abschnitt ausfüllen. Ein Verlustausgleich zwischen einzelnen Einkunftsarten wird nicht durchgeführt. Innerhalb einer Einkunftsart wird aber ein Verlustausgleich vorgenommen.

a) gefragt ist, ob man die letzten 12 Monate gleich zusammen nehmen kann, oder andere Tätigkeiten mit berücksichtigen muss. Hier gehört dein Steuerbescheid über den benannten Zeitraum dazu.

b) Mutterschaftsgeld musst du mit angeben, aber du kannst auch dazu schreiben, ob bestimmte Zeiträume mit berücksichtigt werden soll oder nicht.

c) Einkommensverlust durch schwangerschaftsbedingte Erkrankung: dafür gibt es eine hübsche Bescheinigung A oder C, die du dir mit ausdrucken lassen kannst.

Pflichtbeiträge zur gesetzlichen Sozialversicherung und Verpflichtung zur Steuervorauszahlung kannst du durch die jeweiligen Bescheide nachweisen.

Stilllegung des Gewerbes nach der Geburt des Kindes: das kannst du an Hand der Gewerbeabmeldung nachweisen.

SO: steht für **sonstige Leistungen, auch Einkommensersatzleistungen** genannt und gemeint sind Einkünfte aus Arbeitslosengeld I, Krankengeld, Renten, Unterhalt oder Bafög und anderen Leistungen. Auch hier gilt, immer den Nachweis dafür in Kopie mit beilegen.

Übst du keine Tätigkeit während des Bezugs von Elterngeld aus, dann kannst du schon mit der nächsten Anlage weiter arbeiten.

Solltest du nach der Geburt des Kindes ein Einkommen voraussichtlich erzielen, dann darfst du auch noch den **nächsten Abschnitt** ausfüllen.

Dabei geht es nur **um den Zeitraum, in welchem du Elterngeld erhältst.**

Erst einmal darfst du ankreuzen, um **welche Einkommensart** es sich handelt und dann brauchst du nur die entsprechende Spalte ausfüllen. Noch einmal zur Erinnerung:

- keine volle Erwerbstätigkeit liegt vor, wenn du unter 30 Stunden wöchentlich bleibst,
- wenn du eine Beschäftigung zur Berufsausbildung ausübst,
- oder als Tagespflegeperson nicht mehr als fünf Kinder in der Tagespflege betreust.

N: Dazu lässt du dir eine **Arbeitszeit- und Verdienstbescheinigung** von deinem Arbeitgeber ausfüllen, die bekommst du als Anlage bei den meisten Elterngeldanträgen mit dazu.

G: hier musst du anhand einer **Gewinn/ Verlustrechnung** angeben, welches Einkommen du als Selbständiger haben wirst und welche Abzüge dir entstehen werden durch Pflichtbeiträge zur Sozialversicherung und eventuellen Steuervorauszahlungen.

SO: bekommst du **sonstige Leistungen** wie Arbeitslosengeld I, Renten oder private Leistungen, so trage diese hier ein und füge den Bescheid mit dazu.

Dann kannst du noch etwas dazu schreiben, falls etwas spezielles Detail berücksichtigt werden soll, wie ein Härtefall.

Verdienstbescheinigung

Diese Bescheinigung wird durch deinen Arbeitgeber ausgefüllt. Du kannst ja deine Daten und die deines Kindes schon eintragen und gibst sie nur ab.
In der Regel dauert es nur ein paar Tage und du hast die Bescheinigung ausgefüllt zurück. Dann legst du sie dem Antrag bei und schon kannst du den Papierberg zum Amt tragen.

Bescheinigung A - Bescheinigung der Krankenkasse/ Dienststelle über Mutterschaftsbezüge

Das brauchst du nur bei deiner Krankenkasse einzureichen und diese schickt das ausgefüllte Schreiben innerhalb einer Woche entweder dir zu oder mitunter gleich zur Elterngeldstelle, wenn du das wünschst.

Hattest du keinen Anspruch auf Mutterschaftsgeld, dann hast du dies in einem Bescheid bereits mitgeteilt bekommen. Kopiere diesen Beleg und lege ihn dem Antrag mit dazu, das reicht völlig aus.

Bescheinigung B - Beschäftigungsnachweis des Arbeitgebers

Auch hier musst du nur den persönlichen Teil ausfüllen und dann nur bei deinem Arbeitgeber abzugeben. Der gibt ihn dir nach ein paar Tagen fertig ausgeschrieben zurück.

Tipp: Ist dein Partner dein Arbeitgeber (zum Beispiel in Familienbetrieben) dann lohnt sich ein wenig das Durchrechnen des besten Variante für euch.

Bescheinigung C – Bescheinigung des Arztes über Erkrankung

Auch diese Bescheinigung erfordert nur das Ausfüllen der persönlichen Daten und dann gibst du sie beim betreffenden Arzt einfach ab. Nach einer Woche kannst du sie dann ausgefüllt abholen.

Tippsammlung

Tipp: Wird nach der Geburt Resturlaub genommen, werden die dem Urlaub zu Grunde liegenden wöchentlichen Arbeitsstunden auf den jeweiligen Lebensmonat umgerechnet. Das bedeutet, wieder weniger Elterngeld. Also sei clever und nimm deinen Urlaub vor der Geburt deines Kindes.

Tipp: Wenn du und dein Partner ein Kind erwarten, solltet ihr eure Steuersituation überprüfen und so wählen, dass derjenige von euch, der das Baby betreut, die bessere Steuerklasse hat. Denn weniger Steuern bedeutet ein höheres Nettogehalt. Wie ihr das nach der Geburt des Kindes haltet, bleibt euch überlassen. Doch im kommenden Jahr sollte dann der andere die bessere Steuerklasse übernehmen. So lässt sich jede Menge Geld noch herausholen und das ganz legal. Aber aufgepasst! Der Wechsel der Steuerklasse ist nur einmal pro Jahr erlaubt.

Tipp: Wer ein Kind adoptiert, das schon älter als ein Jahr ist, hat trotzdem ab dem Tag der Aufnahme in den Haushalt für 14 Monate Anspruch auf Elterngeld - und das bis zur Vollendung des 8. Lebensjahrs. Das heißt also, egal wann man in diesen 8 Lebensjahren ein Kind adoptiert, du hast Anspruch auf das Elterngeld.
Quelle Oliver Mest /ddp

Tipp: Den Antrag auf Elterngeld kannst du nicht per PDF- Datei einfach verschicken, sondern musst ihn entweder einschicken oder abgeben.

Unterhaltsvorschuss

Bist du **allein stehend mit Kindern unter 12 Jahren**, wohnst in **Deutschland**, dein Ex-Partner zahlt **keinen Unterhalt** und du kannst den Unterhalt deiner Kinder nicht allein sichern, dann hast du Anspruch auf Unterhaltsvorschuss.

Diesen kannst du bei dem Jugendamt deiner Stadt oder deines Landkreises beantragen. Die Zahlung wird für längstens **72 Monate gewährt** und seit dem 01. 07.2005 beträgt diese Unterstützung für Kinder:

▶ unter 6 Jahre monatlich 128 €
▶ ab 6 Jahre bis 12 Jahre 168 € in den alten Bundesländern
und in den neuen Bundesländern
▶ unter 6 Jahre 114 €
▶ ab 6 Jahre bis 12 Jahre 154 €.

Von diesem Unterhaltsvorschuss werden Unterhaltszahlungen des anderen Elternteils bzw. Waisenbezüge abgezogen.

Voraussetzungen

Anspruch auf Unterhaltsvorschuss oder Unterhaltsausfallleistungen hast du:

▪ wer in Deutschland einen Wohnsitz oder seinen gewöhnlichen Aufenthalt hat und
▪ wer bei einem alleinerziehenden Elternteil lebt, der ledig, verwitwet oder geschieden ist

oder von seinem Ehegatten dauernd getrennt lebt, und
- wer vom anderen Elternteil nicht, nicht ausreichend oder nicht regelmäßig Unterhalt in Höhe des monatlichen Mindestunterhalts erhält und
- wer das 12. Lebensjahr noch nicht vollendet hat.

Ausländischen Kindern, die nicht Freizügigkeitsberechtigt sind, werden Unterhaltsvorschussleistungen gezahlt, wenn sie selbst oder ihr alleinerziehender Elternteil eine Niederlassungserlaubnis oder Aufenthaltserlaubnis, die zur Ausübung einer Erwerbstätigkeit berechtigt, besitzen.

Tipp: Ein gerichtliches Unterhaltsurteil gegen den anderen Elternteil wird für die Beantragung eines Unterhaltsvorschusses nicht vorausgesetzt.

Wichtig! Ein Anspruch auf Unterhaltsvorschuss ist **ausgeschlossen**, wenn du keine Auskünfte über den anderen Elternteil gibst oder bei der Festestellung der Vaterschaft oder des Aufenthaltsortes des anderen Elternteils nicht mitwirkst.

Ebenfalls keinen Anspruch auf Unterhaltsvorschuss hast Du, wenn du mit deinem Partner **zusammenlebst, verheiratet oder nicht dauernd getrennt von deinem Ehegatten** bist.

Der Unterhaltsvorschuss wird dann bei dem unterhaltspflichtigen Elternteil eingeklagt. Bei weitergehenden, also höheren Unterhaltsansprüchen hilft das Jugendamt weiter (auch über das 12. Lebensjahr bis zum 21. Lebensjahr), dies ist verankert durch das „Beistandsrecht".

Berechnung

Der endgültig auszuzahlende Betrag wird aus der Höhe des Regelsatzes laut Hartz IV unter Anrechnung des hälftigen Kindergeldbetrages errechnet.

Das heißt für dich, wenn du ein Kind unter 6 Jahren hast, ist der Regelsatz 202 €, darauf wird die Hälfte des Kindergeldes angerechnet, also 82 €. Du erhältst 120 €.

Hast du dagegen ein Kind zwischen 6 bis 12 Jahre, dann gilt der Regelsatz von 211 €. Rechnet man hier die 82 € hälftigen Kindergeldes ab, dann bekommst du einen monatlichen Betrag von 129 €.

Eventueller Unterhalt oder Waisenbezüge und sei es nur 5 € wird auf diesen Betrag angerechnet.

Checkliste:

- ➤ dein Pass / Personalausweis (Kopie)
- ➤ Geburtsurkunde des Kindes (Kopie)
- ➤ bei Ausländern: Aufenthaltstitel (Niederlassungserlaubnis, Aufenthaltserlaubnis)
- ➤ Aufenthaltsbescheinigung für jedes Kind und den allein erziehenden Elternteil (kostenfrei erhältlich in den Bürgerbüros), sofern eine Auskunftssperre eingerichtet wurde
- ➤ Vorhandene Titel im Original (Urkunde, Beschluss, Vergleich) in der ersten vollstreckbaren Ausfertigung
- ➤ Vaterschaftsanerkenntnis bzw. - feststellungsurkunde oder -titel
- ➤ Nachweise über Unterhaltszahlungen, Rentenbescheide, oder ähnliches
- ➤ Schreiben der anwaltlichen Vertretung, sofern vorhanden, ggf. Scheidungsurteil
- ➤ Gehaltsabrechnungen der letzten 12 Monate komplett (auch bei Minijob)

Die Formulare sind von Bundesland zu Bundesland unterschiedlich gestaltet, deshalb empfehlen wir dir, diese bei Unsicherheiten mit einem Mitarbeiter des Jugendamtes auszufüllen. Wir haben uns trotzdem die Mühe gemacht und den Antrag von NRW vorgenommen. Im Grunde sind die Fragen überall gleich, nur das Aussehen der Formulare ist anders.

Antrag

Beantragen kannst du den Unterhaltsvorschuss beim Jugendamt deines Landkreises oder Stadt. Dort bekommst du den Antrag auf Unterhaltsvorschuss ausgehändigt.

Sehen wir uns doch den Antrag genauer an. Beantragst du für mehrere Kinder den Vorschuss, musst du für jedes Kind solch einen Antrag ausfüllen. Die Leistungen beantragst du am besten für den laufenden Monat. Sollte der andere Elternteil sich weigern, mit dir dieses Formular auszufüllen, dann lasse seine Felder bis auf Namen und Adresse frei, um den Rest kümmert sich die zuständige Stelle.

Abschnitt 1: Angaben zum Kind
>Beschäftigt sich mit den persönlichen Daten deines Kindes. Du musst ankreuzen, ob das Kind, für das du den Unterhaltsvorschuss beantragst, in oder außerhalb der Ehe geboren ist und ob das Kind beim Vater oder bei der Mutter lebt. Dann trage die Daten wie Name und Anschrift bzw. Staatsbürgerschaft ein.

Abschnitt 2: Angaben zur Betreuung/ Besuchsrecht des anderen Elternteils
>betrifft die Regelungen zum Umgangsrecht. Habt ihr ein geteiltes Sorgerecht, dann lass die oberen Kästchen frei und trage unter Erläuterungen einfach nur „geteiltes Sorgerecht" ein. Es geht nur darum, ob dein Kind vielleicht mehr Unterhalt in Form von Betreuung durch überwiegende Unterbringung bei dem anderen Elternteil erhält.

Abschnitt 3: Angaben zu den Eltern

hier sind die persönlichen Angaben zu den leiblichen Eltern gefordert.

Abschnitt 4: Angaben zu weiteren Kindern

erfasst nun die allgemeinen Daten zu weiteren Kindern. Hast du mehr als die obligatorischen 3 weiteren Kinder, kopiere das Blatt einfach und trage die anderen Kinder ein.

Abschnitt 5: Angaben zur Beschäftigung und zum Einkommen der Eltern

jetzt will man die Angaben zur Beschäftigung von dir und deinem Partner wissen. Du hast verschiedene Möglichkeiten, die du ankreuzen kannst. Bist du oder der andere Elternteil arbeitslos bzw. beziehst du Sozialhilfe oder Hartz IV, dann kreuze dies an und gib das entsprechende Amt an, wenn es geht mit Aktenzeichen oder Kundennummer. Weiter musst du das monatliche Nettoeinkommen eintragen sowie die Krankenversicherung, bei der du/der andere Elternteil versichert b/ist. Das ist wichtig für die Selbständigen und deren Berechnung des Nettoeinkommens.

Abschnitt 6: Angaben zur Erreichbarkeit

Wann bist du wie am besten erreichbar, ist hier gefragt. Diese Angaben sind freiwillig!

Abschnitt 7: Statusrechtliche Angaben zum Kind

was hier so kompliziert erfragt wird, ist die Anerkennung der Vaterschaft.

Abschnitt 8: Angaben zum Getrennt leben

Ist es so, dass du und dein Partner euch getrennt habt und euer gemeinsamer Haushalt existiert nicht mehr (Scheidungsabsicht), dann musst du diesen Abschnitt ausfüllen. Du hast zwei Möglichkeiten. Entweder du hast dich von dem anderen Elternteil getrennt oder von deinem Ehegatten (in dem Fall ist dein Kind, das Stiefkind von deinem Ehegatten). Im Falle einer

120

Trennung vom Ehegatten musst du noch den Namen und die Anschrift wie Arbeitgeber und Krankenkasse angeben. Lebt der andere Elternteil in einer Anstalt für mindestens 6 Monate, muss die Anstalt eingetragen werden.

Abschnitt 9: Angaben bei ausländischen Staatsangehörigen

Ist das Kind oder ein Elternteil im Besitz einer ausländischen Staatsangehörigkeit, musst du nachweisen, dass ihr euch rechtmäßig auf deutschem Bundesgebiet aufhaltet. Das kannst du durch eine beglaubigte Aufenthaltsgenehmigung nachweisen. Diese musst du in Kopie dem Antrag beilegen. Wurde ein Elternteil von seinem im Ausland ansässigen Arbeitgeber nach Deutschland entsandt, dann muss dies hier eingetragen werden.

Abschnitt 10: Unterhaltsverpflichtung

Jetzt möchte man von dir wissen, ob der andere Elternteil durch ein Gerichtsbeschluss, ein Urteil, einen Vergleich oder eine schriftliche Verpflichtungserklärung zum Unterhalt für das Kind verpflichtet wurde. Ist das nicht so, kreuze „nein" an. Hast du einen Unterhaltstitel, so kreuze unter „Ja" das entsprechende Feld an und trage das Aktenzeichen ein.

Abschnitt 11.1: Unterhaltsleistungen des anderen Elternteils in Geld

Hier möchte man von dir wissen, ob der andere Elternteil deines Wissens nach Unterhalt zahlen kann. Tut er dies bereits, dann musst du das angeben. Erhältst du Unterhalt durch die Großeltern, so schreibe einfach „siehe Blatt" und gebe die Namen und Anschrift wie die Höhe des monatlichen Unterhalts auf einem Extrablatt an. Hast du oder ein Amt bereits auf den Unterhalt Vorrauszahlungen erhalten, sind diese in der nächsten Zeile einzutragen. Angenommen, du hast vielleicht eine höhere, freiwillige Unterhaltszahlung erhalten, dann kann diese aufgerechnet werden.

Abschnitt 11.2: Unterhaltsleistungen des anderen Elternteils in anderer Form

Das können die Übernahme von Kindergartenbeiträgen, Beiträge überhaupt rund um das gemeinsame Kind für verschiedene Unterrichtsformen, Sachleistungen wie Einrichtungsgegenstände, regelmäßige Bekleidungszuwendungen, anteilige Kosten für die Wohnung usw. sein.

Abschnitt 12: Leistungsfähigkeit des anderen Elternteils

Nun sollst du einschätzen, ob der andere Elternteil den Mindestunterhalt zahlen könnte. Das wird immer dann der Fall sein, wenn der andere eine Arbeit hat. Nicht möglich ist es bei Hartz IV, Sozialhilfe oder bei langer Krankheit.

Abschnitt 13: Unterhaltsrealisierung

Jetzt wird nach deinen Bemühungen gefragt, um den Unterhalt zu erhalten. Kannst du dies in schriftlicher Form nachweisen, durch das Einschalten eines Anwaltes beispielsweise, dann wird dir der Unterhaltsvorschuss einen Monat rückwirkend gewährt. So musst du angeben, ob und welchen Anwalt du beauftragt hast. Du musst in der nächsten Zeile „ja" ankreuzen, wenn du den Anwalt mit der Unterhaltsforderung beauftragt hast. Hast du keinen Anwalt eingeschaltet, dann fahre mit der Zeile: …durch mich selber evtl. mit Hilfe eines Rechtsanwalts. Das betrifft dich, wenn du schriftlich den Unterhalt angemahnt hast oder Klage auf Zahlung des Unterhalts gestellt hast bzw. eine Strafanzeige wegen Verletzung der Unterhaltspflicht gestellt hast.Hast du einen Anwalt mit der ganzen Sache beauftragt, brauchst du diese Zeilen nicht ausfüllen.

Abschnitt 14: Sozialleistungen nach Sozialgesetzbuch (SGB)

Erhältst du Sozialleistungen, sind diese hier anzugeben, denn auf diese Leistungen ist der Unterhaltsvorschuss anzurechnen.

Abschnitt 15: Geldleistungen, die das Kind erhält

Dein Kind wird sicherlich Kindergeld oder kindergeldähnliche Leistungen erhalten. Doch es kann auch Renten bekommen, wie Halbwaisenrente bzw. Abfindungen von anderen Stellen. In jedem Fall wird die jeweilige Leistung hälftig auf den Unterhaltsvorschuss angerechnet. Trage ein, welche Leistung dein Kind erhält und von welcher Stelle sowie die monatliche Höhe. Hast du die Leistung erst beantragt, so kreuze das entsprechende Kästchen an. Auch wenn du die Absicht hast, den Antrag zu stellen.

Abschnitt 16: UVG in der Vergangenheit

Hast du bereits früher schon Unterhaltsvorschuss beantragt oder erhalten, dann musst du dies hier eintragen. Du hast die Möglichkeit, die drei Jahre Anspruch zu teilen. Es kann aber auch sein, dass der Antrag schon einmal abgelehnt wurde, dann musst du das hier angeben. Aufgepasst!! Es geht hier nur um die früheren Anträge für das Kind, für welches du grade den Antrag ausfüllst. Beispiel: Du hast für die ältere Schwester den Antrag vor vier Jahren gestellt und bewilligt bekommen, so gehört das nicht hier hinein. Anderer Fall: du beantragst nach einer Ablehnung erneut den Unterhaltsvorschuss, dann musst du diesen früheren Antrag angeben.

Abschnitt 17: Bankverbindung

Die Angabe deiner Bankverbindung ist notwendig, damit die monatliche Überweisung des Unterhaltsvorschusses erfolgen kann. Die Auszahlung erfolgt immer über die Bank und nie bar.

Abschnitt 18: Ergänzende Angaben
Möchtest du noch etwas erklären oder näher
ausführen, hast du hier die Gelegenheit.

Abschnitt 19: Erklärung
Nun bestätigst du, dass alle Angaben der Wahrheit
entsprechen und du dir bewusst bist, dass du alle
Änderungen in den Angaben sofort zu melden hast.
Weiter werden dir die möglichen Strafen genannt,
wenn du falsche Angaben gemacht hast und dass der
bisher gezahlte Unterhaltsvorschuss im vollen Umfang
zurück gezahlt werden muss. Das musst du mit Ort,
Datum unterschreiben und nun bei dem zuständigen
Amt abgeben. Die Bearbeitungszeiten betragen etwa
4 Wochen.

Einen Hinweis noch: Auch wenn du und der
Elternteil euch im Bösen getrennt habt, so solltest
du immer daran denken, dass euer gemeinsames
Kind eines Tages den anderen Elternteil brauchen
wird. Ihr beide habt dieses Kind in die Welt gesetzt
und das Wohl des Kindes sollte immer im
Mittelpunkt stehen. Mit überhöhten Unterhaltsforder-
ungen, ständigen Überprüfungen eines
möglicherweise höheren Unterhaltsanspruchs oder
gar einem Umgangsverbot aus verletztem Stolz
verhärtest du auch die Fronten zwischen dem Kind
und dem anderen Elternteil. Du lebst in den Augen
deiner Umwelt und denen deines Kindes besser,
wenn du nach dem Motto vorgehst: „Leben und
leben lassen".

Waisenrente (Halbwaisenrente)

Die Waisen- oder Halbwaisenrente ist eine monatliche Zahlung, die dein Kind bekommt, um einen Teil des nun fehlenden Unterhaltes auszugleichen.

Grundsätze der Waisenrente

Um die Folgen bei einem Tod eines oder beider Elternteile zumindest finanziell etwas abzufedern, gibt es die Waisenrente. Waisenrente erhält ein hinterbliebendes Kind, wenn beide Elternteile verstorben sind.

Halb-/Waisenrente kann **über die Volljährigkeit** hinaus gezahlt werden, wenn sich das Kind in der Ausbildung oder im Studium befindet. Die Zahlung dieser Rente ist **nicht abhängig** von Vermögen, Einkommen (erst ab 18 Jahre) oder Kindergeldzahlung. Es ist eine unabhängige Leistung, auf die ein Kind Anspruch hat.

Tipp: Ein Waisenrentenanspruch erlischt nicht automatisch bei einer Eheschließung. Wichtig ist hier, ob die Ausbildung bzw. das Studium weiter fortgesetzt wird.

Man unterscheidet Waisenrente

- ► aus der gesetzlichen Rentenversicherung
- ► aus der gesetzlichen Unfallversicherung
- ► aus der Kriegsopferversorgung
- ► aus der Alterssicherung der Landwirte.

Die einzelnen Formen werden wir dir jetzt näher erklären.

Waisenrente aus der gesetzlichen Rentenversicherung

In der Rentenversicherung erhalten nach dem Tod eines/r Versicherten

▶ die Kinder
▶ die Stief- und Pflegekinder sowie Enkel und Geschwister, die im Haushalt des Verstorbenen aufgenommen waren oder von ihm überwiegend unterhalten wurden

auf Antrag Waisenrente, wenn dem Verstorbenen zur Zeit seines Todes **Versicherungsrente zustand und die Wartezeit (Mindestversicherungszeit) von 5 Jahren (60 Monaten)** erfüllt ist.

Zuständig sind die **Rentenversicherungsträger (BfA, LVA oder Bundesknappschaft)**, die du im Bürgerbüro oder beim Rententräger selbst erfragen kannst. Die Waisenrente wird dir für deine Kinder bis zum 18. Lebensjahr gezahlt bzw. bis zur Vollendung des 27. Lebensjahres gewährt, wenn sie:

▶ sich in Schul- oder Berufsausbildung befinden

► ein Freiwilliges soziales Jahr oder Freiwilliges ökologisches Jahr leisten
► wegen körperlicher, geistiger oder seelischer Behinderung nicht selbst für ihren Unterhalt sorgen können.

Doch aufgepasst! Bei Ansprüchen über das 18. Lebensjahr hinaus wird das Einkommen des Kindes angerechnet. Dabei gelten folgende Richtwerte.

Liegt das monatliche Nettoeinkommen des Kindes insgesamt unter dem Freibetrag für die Waisenrente

von 445,53 € (neuen Bundesländern 388,30 €)

zuzüglich je Kind (die Waise muss ein Elternteil sein)
141,76 € (neuen Bundesländern 123,55 €)

dann wird die Waisenrente nicht gemindert.

Übersteigt das monatliche Nettoeinkommen den Freibetrag, so **werden 40 % des übersteigenden Betrages auf die Waisenrente** angerechnet. Das heißt, liegt dein Kind mit 100 € über dem Freibetrag so werden nur 40 € auf die Waisenrente angerechnet.

Bei Todesfällen der Eltern oder des Elternteils:

► vor dem 01.01.2002 oder

▶ die vor dem 01.01.2002 geheiratet haben und

▶ von denen einer der Ehepartner vor dem 02.01.1962 geboren ist

werden bestimmte Einkommensarten, z. B. Kapitaleinkünfte, Einnahmen aus Vermietung und Verpachtung, Leistungen aus privaten Versicherungen nicht als anrechenbares Einkommen berücksichtigt.

Die Höhe der Waisenrente beträgt für

Halbwaisen	10%
Vollwaisen	20%

der auf den Todestag berechneten Rente des Verstorbenen.

Sie erhöht sich um einen individuellen Zuschlag (der wird aus sämtlichen rentenrechtlichen Zeiten errechnet, die jedoch unterschiedlich gewertet werden). Dieser Zuschlag wird deinen Kindern automatisch gewährt und muss nicht beantragt werden.

Aufgepasst! Treffen mehrere Waisenrenten zusammen, wird nur die höchste Rente gewährt. Die Rente bei Halbwaisen darf zusammen mit der Witwenrente nicht 80% des Jahresverdienstes nicht übersteigen. Das bedeutet, insgesamt werden maximal 80% des monatlichen Nettoverdienstes gezahlt, alles, was darüber hinaus geht wird gekürzt.

Waisenrenten aus der gesetzlichen Unfallversicherung

Ist dein Partner an den Folgen eines Arbeitsunfalls oder einer Berufskrankheit verstorben, dann haben

- deine Kinder bzw.
- die Stief- und Pflegekinder sowie Enkel und Geschwister, die gemeinsam mit dem toten Elternteil im Haushalt lebten oder von ihm überwiegend unterhalten wurden

auf Antrag Waisenrente aus der gesetzlichen Unfallversicherung. Die Bezugsdauer der Waisenrente ist dieselbe wie bei der Rentenversicherung.

Die Höhe der Waisenrente beträgt hier:

- für Halbwaisen   10%
- für Vollwaisen   30%

der bisher erreichten Rente des Verstorbenen.

Auch hier wird nur bei mehreren Waisenrenten die höchste gewährt.

Aber aufgepasst! Die Waisenrente für alle Kinder (also Geschwister) und die Witwenrente zusammen dürfen auch hier 80 % des Jahresverdienstes des verstorbenen Elternteils nicht übersteigen. Beträge darüber werden anteilmäßig gekürzt.

Tipp: Es gibt noch eine **Waisenbeihilfe** in der gesetzlichen Unfallversicherung, zu finden unter § 22 Sozialgesetzbuch I, § 71 Sozialgesetzbuch VII.

Vollwaisen, die keinen Anspruch auf Waisenrente aus der Unfallversicherung haben, erhalten Waisenbeihilfe:

- wenn der Verstorbene auf Grund eines Unfalls schwer verletzt war,
- die Kinder mit dem Verstorbenen in einem Haushalt lebten oder vorwiegend von ihm unterhalten wurden
- und dieser nicht mit dir verheiratet war.

Die einmalige **Beihilfe beträgt 40 % des Jahresarbeitsverdienstes** und ist bei mehreren Waisen gleichmäßig zu verteilen. In **Härtefällen** kann unter bestimmten Voraussetzungen eine laufende Beihilfe gewährt werden. Zuständig ist der gesetzliche Unfallversicherungsträger für die Beantragung der Waisenbeihilfe.

Antragsverfahren Vordruck Waisenrente:

Antragsformulare erhältst du bei den Rentenversicherungsträgern (BfA, LVA oder Bundesknappschaft) oder im Internet. Auf deinen Antrag auf Waisenrente erteilt der für dich zuständige Rentenversicherungsträger einen schriftlichen Bescheid.

Beispiel : Komplettpaket Waisenrente
Dieses Paket enthält alle gegebenenfalls notwendigen Antragsvordrucke für
eine Rente an Waisen. Daneben sind im Paket alle Vordrucke für den Nachweis
der Einkommensanrechnung enthalten

Ausführliche Erläuterungen zum Antrag auf Hinterbliebenenrente erleichtern dir erheblich das Ausfüllen des Antrages.
www.deutsche-rentenversicherung.de

Welche Fristen musst du beachten?

Die Hinterbliebenenrente (Waisenrente) wird für **maximal 12 Monate rückwirkend** gezahlt.

Tipp: Der Anspruch auf Waisenrente (nach den Vorschriften des SGB VI) schließt einen eventuellen Anspruch auf Kindergeld nach dem Einkommensteuergesetz bzw. Bundeskinder-geldgesetz nicht aus. Das Kindergeld kann bei der zuständigen Agentur für Arbeit (Familienkasse) beantragt werden. Für Angehörige des öffentlichen Dienstes und Versorgungsempfänger ist die entsprechende Lohnbuchhaltung zuständig.

Tipp: Eine Waisenrente kann bei einem bestehenden Kindergeldanspruch für ein über 18 Jahre altes Kind Auswirkungen auf den

Auszahlungsanspruch des Kindergeldes haben. Bitte informiere dich bei der zuständigen Familienkasse.

Tipp: Studenten, die eine Waisenrente beziehen, zahlen manchmal zu viel an Krankenkassenbeitrag. Sie können daher Geld zurückfordern. Darauf hat die Deutsche Angestellten Krankenkasse hingewiesen. Der Fall tritt ein, wenn ein pflichtversicherter Student bereits den Studentenbeitrag für seine Krankenkasse von 47,53 € monatlich überweist, darüber hinaus aber von seiner Waisenrente Beitrag abgezwackt wird. Wie viel das ist, steht im Rentenbescheid. Die Krankenkasse zahlt auf Antrag bis zu 47,53 € der Beiträge auf die Rente zurück.

Gut und Günstig für Kinder

Kinder kosten nun einmal jede Menge Geld und wie sich das Familienbudget entwickelt, ist angesichts der derzeitigen Wirtschaftskrise und ständig steigender Preise nicht absehbar. So haben wir uns entschlossen, einen Abschnitt rund um das Kind und möglichen Spartipps am Ende dieses Buches einzufügen.

Dabei geht es um Klassenfahrten, Bekleidung oder technische Alltagsgegenstände, die zwangsläufig bei Kindern notwendig sind und gar nicht soviel Geld kosten müssen.

Bekleidung

Kleidung für Kinder ist mitunter teuerer als für Erwachsene. Einmal durch die Preise und zum anderen wachsen die lieben Kleinen wie Unkraut und kaum hattest du die eine Größe zusammen, musst du schon die nächste Größe besorgen. Das kann ganz schön ins Geld gehen.

Wir zeigen dir, wo und wie du Geld sparen kannst. Das reicht vom kleinen Geldbeutel bis zu kostenlos.

Einkaufsketten

Etablierte Bekleidungsläden wie C&A bieten regelmäßig herunter gesetzte Kinderkleidung an. Da kannst du einen Jogginganzug für 7 € bekommen oder eine Jeans für 8 €.

Schlussverkäufe sind immer noch beliebt und vor allem preiswert.

Die Einkaufskette „Ernstings family" bietet durchweg hochwertige Kinderkleidung zu niedrigen Preisen an. In fast jeder größeren Stadt befindet sich mindestens ein Laden von Ernstings. Neue T-Shirts für 3 €, Jeanshosen für 8 € und hübsche Kleider für 7 € sind normal. Jede Woche werden Bekleidungsstücke herab gesetzt, so dass du nagelneue Bekleidung für 3-5 € erhalten kannst. Ernstings Family hat auch eine Internetpräsenz. Auf www.ernstings-family.de kannst du stöbern, einkaufen und dich nach Läden in deiner Nähe erkundigen.

Ebay und Co.

Auktionshäuser boomen und das nicht ohne Grund. Für den Käufer ist meistens die Einrichtung eines Accounts kostenlos und du kommst günstig zu manchem Schnäppchen. Schaltest du die Umkreissuche ein, sparst du auch noch die Transport- oder Versandkosten.

Bekleidung, Spielsachen und Einrichtungs-gegenstände für Kinder erhältst du für einen Bruchteil des Geldes, was du in einem Geschäft oder Katalog ausgeben müsstest.

Tipp: Aufgepasst! Schaue dir genau die Bewertungen eines Verkäufers an. Unter 90%

positive Bewertungen solltest du nicht bieten. Die Bewertungen zu lesen, zeigt dir, woran es gehakt haben kann, dass jemand eine schlechte Bewertung erhalten hat. Dann kannst du immer noch entscheiden, ob du das Risiko eingehst, bei dem Verkäufer zu kaufen.

Tipp: Ein guter Verkäufer bietet immer ein persönliches Abholen an. Ware nur über den Postweg zu verschicken, ist immer merkwürdig und bringt uns zum nächsten Tipp.

Tipp: Schau dir nach den Bewertungen die Versandkosten an, falls du nicht in der Nähe wohnst, um die ersteigerten Sachen abzuholen. Es gibt schon viele Händler die einen kostenfreien Versand anbieten. Okay sind auch Kosten für ein versichertes Paket bis 7 €.

Tipp: Biete erst im letzten Moment und setze dir immer ein Limit, wie viel Geld du ausgeben möchtest. Schnell bist du im Steigerungsfieber und bietest mehr, als du eigentlich ausgeben wolltest. Meistens werden ähnliche Sachen noch einmal angeboten.

Preisvergleiche

Einkommensschwache bzw. preisbewusste Familien vergleichen aus Prinzip und Notwendigkeit das Preis-/ Leistungsverhältnis von angebotenen Waren.

Mittlerweile hat sich der Preisvergleich zu dem Spartipp schlechthin entpuppt. Das hat zur Folge, dass jedes Jahr unzählige Portale entstehen, die zwar Preisvergleiche anbieten, doch ein übergroßer Teil dieser Seiten sind nicht mehr unabhängig, da durch gewichtige Werbepartner die Vergleichspolitik stark beeinflusst wird.

Viele Familien sind durch die große Anzahl von Preisvergleichen verunsichert und wissen nicht mehr, wie sie wirklich optimal noch Produkte prüfen sollen.

Gehörst du zu dieser Gruppe, dann haben wir für dich einen interessanten Tipp. Es gibt seit kurzem einen deutschlandweiten und vor allem unabhängigen Preisvergleich auf **www.deutschland-vergleich.de**.

Interessant ist dieser Vergleich nicht nur, weil er alle bundesweit veröffentlichten Seiten von Produktvergleichen anbietet, sondern auch einen unabhängigen Dienstleistungsvergleich. So kannst du beispielsweise neben deiner Urlaubsreise, einen neuen Strom- oder Versicherungsanbieter finden. Ein Ärzte- oder Apothekenvergleich kann dir auch im Gesundheitsbereich jede Menge Geld sparen helfen. So weit uns bekannt ist, sollen in nächster Zeit ein Vergleich von Therapeuten angeboten werden. Angesichts unserer Gesundheitspolitik dürfte das eine der kommenden Preisvergleichsseiten werden.

Dein Ersparnis kann bis zu 80% bei vielen Vergleichen betragen. Nicht zu vergessen ist dein Zeitersparnis. Statt tagelang auf irgendwelchen Seiten frustriert zu suchen, hast du alles auf einer Seite. Dazu kommt, dass es keine Popups, keine Zwischenwerbung gibt auf dieser kostenlosen Seite.

Internet und die lieben Kleinen

Internet wird immer mehr eine Freizeitbeschäftigung für die Kinder. Das stellt an die Eltern neue Anforderungen und auch einen tiefen Griff ins Geld, um das Surfen sicher zu machen. Da ist einerseits teure Kindersicherungssoftware, andererseits Kosten für Spieleseiten, usw. Doch es geht auch anders. Wir zeigen dir im nächsten Abschnitt, wie du die aufkommenden Kosten einsparen bzw. minimieren kannst.

Ein neuer PC muss nicht unbedingt angeschafft werden, du hast die Möglichkeit, unter den Betriebssystemen XP und Vista eine Ebene für deine Kinder einzurichten. Diese Ebene beeinträchtigt deine Ebene in keinster Weise.

Für kleine Kinderhände sind oft die Mäuse viel zu groß. Extra eine Kindermaus anzuschaffen, ist zwar liebevoll gedacht, doch bei Preisen ab 50 Euro ein teueres Vergnügen. Da bieten sich Laptopmäuse an, welche klein sind und nicht mehr als maximal 14 Euro bei **http://www.conrad.de/ kosten**. Hier bekommst du auch günstig PCs, falls du dich doch dazu entschließt, den Kindern einen eigenen Computer zu besorgen. Es gibt vor Ort Filialen, aber auch einen Internetshop. Bist du technisch begabt, kannst du Festplatten, Laufwerke und jede Menge andere Dinge bei Conrad kostengünstig erwerben und selbst einen PC zusammen bauen.

Tipp: Hartz IV Empfänger können für ihre Kinder ab der 7. Klasse einen PC beantragen, da ab der 7. Klasse Informatikunterricht zum Stundenplan zählt.

Tipp: Hast du noch keinen PC und erhältst Hartz IV, dann beantrage einen PC für deine bessere Arbeitssuche. Zu 87% veröffentlichen zunehmend Firmen ihre Jobangebote auf eigenen Homepages oder bei Jobangebots- Portalen.

Tipp: Der Spareulen-Verlag verschenkt an Hartz IV Kinder gebrauchte, aber überholte PCs. Einfach an info@spareulen.de oder an

**Spareulen-Verlag,
z.Hd. S. Ehrentraut,
Am Kanal 6
38547 Calberlah**

schreiben und ein PC besonders für mehrere Kinder in einer Familie geht auf Reisen.
Wer einen PC (auch mit kleinen Mängeln) oder Software gegen Versandkosten zu verschenken hat, sollte uns ebenfalls anschreiben. Wir stellen auch gern eine Spendenquittung aus.

Internetflatrate

Flatrates werden immer beliebter und wenn du deinem Kind die Internetnutzung gestatten willst, kommen doch mehr Zeiteinheiten zusammen, so dass sich eine Internetflatrate anbietet.

Schon mit einer Anfänger-Flatrate kannst du drei Stunden am Tag surfen und das für 4,95 €.

Eine normale Flatrate für 9,95 € wird von den meisten Internetnutzern gewählt, denn sie deckt ein mittleres Surfen von mehreren Stunden (12 bis 18 Stunden) am Tag ab.

Für eine permanente Nutzung des Internets solltest du eine Flatrate von 19,95 € wählen.

Doch im Normalfall reicht durchaus eine Flatrate für 9,95 €. Die besten Anbieter kannst du über **www.deutschland-vergleich.de** finden.

Kindersicherheitssoftware

Mit der richtigen Kindersoftware kontrollierst du, was und wo dein Kind sich etwas ansieht. Doch allein bei der Sicherheitssoftware kann man richtig viel Geld ausgeben. Sicherheitssoftware gewährleistet, dass deine Kinder nur auf den von dir genehmigten Seiten surfen und bestimmte Seiten durch die Eingabe von Begriffen gemieden werden. Du kannst eine Zeitbeschränkung eingeben, wobei diese unterteilt werden kann in Internetzeit und Computerzeit.

Diese Software kann teuer sein oder du schaust bei **http://www.softwareload.de/** und wählst dort ein Programm in den Möglichkeiten Freeware oder Shareware. Freeware sind freie Programme, die nichts kosten. Shareware können für einen bestimmten Zeitraum getestet werden. Danach musst du dich entscheiden, ob du die Vollversion in Anspruch nehmen willst, natürlich gegen ein bestimmtes Entgelt. Der Vorteil von Shareware ist, dass du die Software erst einmal ausprobieren kannst und eventuell das Geld für eine Vollversion ansparst. Die leichte Bedienbarkeit und das umfangreiche Angebot sprechen für den Shop. Dieser Shop ist vom TÜV geprüft und ausgezeichnet worden.

Tipp: Bei älterer Software oder Vorgängerversionen kann es einen Unterschied bis zu 75 % geben. Manche Anbieter werfen die Vorgängerversion als Freeware auf den Markt und so sparst du 100 %. Die Unterschiede zur aktuellen Version sind meist nicht gravierend.

Bei Kinderseiten muss man dem Alter entsprechend ausprobieren, was für die Kinder interessant ist.

Ältere Kinder werden auch Musik- und Videoseiten bevorzugen. Eine kostenlose Seite mit aktuellen Hits ist zum Beispiel **http://www.clipfish.de/**. Du musst dich nur anmelden und deine Kinder können sich Videos ansehen und abspeichern. Es wurde Kindersicherheitssoftware im Zusammenhang mit für Kinder verbotene Videos auf dieser Seite getestet. Die Videos wurden nicht geöffnet. Damit ist die Seite auch sicher im Bezug auf den Kinder- und Jugendschutz.

Musik und Kinder

Musik zu downloaden, ist bei Jugendlichen sehr beliebt. Schnell kann eine extreme Rechnung zusammen kommen. Mach es dir doch ganz einfach. Lege dir eine Musik- Flatrate zu.

Das ist möglich bei **http://www.musicload.de/** oder bei **http://www.napster.de/**. Von der Sicherheit her ist napster zu empfehlen, denn hier kann dein Kind für 9,95 Euro im Monat soviel Musik laden, wie es will.

Eine umfangreichere Vielfalt an Musikvideos kannst du unter musicload.de laden, doch es besteht die Gefahr, sollten deine Daten gespeichert sein, dann kann dein Kind unbegrenzt einkaufen bei Musikload. Hier gibt es entweder eine Flatrate für Musik oder für Videos.

Spiele online

Für kleinere Kinder eignen sich Seiten wie **http://www.toggolino.de/**. Hier wird eine Vielzahl von lehrreichen und unterhaltsamen Spielen für Kinder von 3 bis 6 Jahren angeboten. Die

Bedienung ist kinderleicht und auch du als Erwachsener hast deinen Spaß an den Spielen.

Manche der Spiele erfordern zwar eine Mitgliedschaft im Toggolino- Club, doch die Jahresgebühr ist gering im Vergleich zu der Menge der angebotenen Spiele und es kommen ständig neue Spiele hinzu. Weiter kannst du im Elternbereich an Gewinnspielen teilnehmen. Du wirst hier über neue Spiele und Sonderaktionen informiert. Eine Anmeldung bis zu drei Kinder unter einem Mitgliedsnamen ist erlaubt und an regelmäßigen Rabattaktionen für die Kinder wirst du per mail erinnert.

Ein echtes Schnäppchen sind die Spieleseiten für ältere Kinder (auch Erwachsene) wie **http://www.gamesload.de/** oder **http://www.skill7.com/**. Wenn du dich dort einträgst, können deine Kinder dort online kostenfrei spielen.

Auf **www.kostenlose-kinder-spiele.com** findest du jede Menge Kinderspiele. Was die Seite besonders interessant macht, sind die Spiele besonders für Mädchen oder einfache Lernspiele. Du musst dich nur registrieren lassen und schon können deine Kinder loslegen mit dem Spielen. Einziger Nachteil, die Seite finanziert sich über Werbelinks zu anderen Homepages und durch einen leichten Klick gerät dein Kind auf eine neue meist kostenpflichtige Seite.

Spielsachen

Spielzeug ist notwendig für eine gesunde Entwicklung der Kinder und auf der Seite von **http://www.mytoys.de/** erstreckt sich das Angebot von ganz kleinen Preisen bis zu den teueren Spielwaren. Der größte Spielzeuganbieter Deutschlands verfügt über eine umfangreiche Website mit Rabattaktionen oder Schnäppchenseiten rund um Dinge, die ein Kind benötigt und die dich interessieren könnten.

Dabei beschränkt sich die breite Warenpalette nicht allein auf Spielsachen, sondern auch Schulmaterial, Fahrräder, Möbel und Babybekleidung wird zu günstigen Preisen angeboten. Du hast die Möglichkeit, auf dieser Seite bis zu 50 % zu sparen und du kannst alles ganz in Ruhe aussuchen.

Kinderbücher

Kinderbücher sind gar nicht so out wie man allgemein annimmt. Doch Harry Potter und Co sind nun einmal sehr teuer, besonders Neuerscheinungen.

Entweder du wartest, bis es die Bücher günstiger gibt oder schaust bei http://www.libri.de/ rein. Mit einem Angebot von über drei Millionen Artikeln und 1.500 Partner- Buchhandlungen deutschlandweit kannst du die Versandkosten und bis zu 20 % beim Warenwert einsparen.

Da auch Schulbücher angeboten werden, könntest du doppelt sparen. Schließe dich einfach mit einigen Eltern zusammen und gib eine **Mengenbestellung** auf. Dann könnt ihr vom Mengenrabatt profitieren. Ab 25 Exemplaren lohnt sich schon so eine Bestellung direkt beim Verlag. Der Verlag gibt dann einen Mengenrabatt bis zu 40% auf den Verkaufspreis an dich weiter. (Das gilt übrigens auch bei unserem Verlag.)

Einige Buchhandlungen bieten Mängelexemplare oder gebrauchte Bücher an. Da lohnt es sich, wieder einmal Bücher zu verschenken. Doch auch gebrauchte Games für die unterschiedlichsten Konsolen bei libri im Sortiment präsent sind, solltest du reichlich Zeit zum Stöbern mitbringen.

Antiquariate wie **www.abebooks.de** oder **www.zvab.com** bieten dir die Möglichkeit, für wenig Geld Kinderbücher zu kaufen, die entweder vergriffen sind oder schon seit Jahren nicht mehr aufgelegt werden. So kannst du in eigenen Kindheitserinnerungen schwelgen oder zu einem Thema mehrere Bücher vergleichen.

Wir hoffen, dass wir etwas Licht ins Dunkle der einzelnen Leistungen für Kinder bringen konnten. Weiter sind in der Reihe „Ratgeberecke" bisher erschienen:

- alles aktuell zum Arbeitslosengeld I & Hartz IV
  ISBN 978-3-8370-1127-2

- BAföG aktuell
  ISBN 978-3-8370-1215-6

- alles aktuell zu Haushalt & Finanzen
  ISBN   978-3-8334-9098-9

- Sozialhilfe, Schwerbehindertenrecht & Pflegeleistungen
  ISBN   978-3-8334-9099-6

In Vorbereitung befindet sich:

- Alles was Recht ist
- Wohngeld & Co.
- Existenzgründung & Fördermöglichkeiten
- Berufsausbildung & Co.
- Stipendium- ein Auslaufmodell?

Inhaltsverzeichnis